基于流动性的

国有企业资本运营研究

甄 佳 著

四川大学出版社
SICHUAN UNIVERSITY PRESS

图书在版编目（CIP）数据

基于流动性的国有企业资本运营研究 / 甄佳著. 一成都：四川大学出版社，2022.10
ISBN 978-7-5690-5114-8

Ⅰ.①基… Ⅱ.①甄… Ⅲ.①国有企业－国有资产运营－研究－中国 Ⅳ.①F279.241

中国版本图书馆 CIP 数据核字（2021）第 213723 号

书　　名：	基于流动性的国有企业资本运营研究
	Jiyu Liudongxing de Guoyou Qiye Ziben Yunying Yanjiu
著　　者：	甄　佳

选题策划：张宇琛
责任编辑：张宇琛
责任校对：周　艳
装帧设计：墨创文化
责任印制：王　炜

出版发行：四川大学出版社有限责任公司
　　　　　地址：成都市一环路南一段 24 号（610065）
　　　　　电话：（028）85408311（发行部）、85400276（总编室）
　　　　　电子邮箱：scupress@vip.163.com
　　　　　网址：https://press.scu.edu.cn
印前制作：四川胜翔数码印务设计有限公司
印刷装订：成都市新都华兴印务有限公司

成品尺寸：170 mm×240 mm
印　　张：7.5
字　　数：142 千字

版　　次：2022 年 10 月 第 1 版
印　　次：2022 年 10 月 第 1 次印刷
定　　价：38.00 元

本社图书如有印装质量问题，请联系发行部调换

版权所有 ◆ 侵权必究

四川大学出版社
微信公众号

前 言

党的十八届三中全会提出了以管资本为主加强国有资产监管的要求。以此为标志，国资国企改革开始由管企业转向以管资本为主的新阶段。从管企业到管资本，是从对国有企业的"管人、管事、管资产"，转向对国有资本的"管配置、管治理、管回报"，以提高国有资本配置和运营效率。要实现这一根本性转变，就必须通过管资本导向下基于流动性的国有企业资本运营，推动国资管理对象由实物形态的国有企业向价值形态的国有资本转变，构建管资本的微观基础。

本书研究的主题是管资本导向下基于流动性的国有企业资本运营。这是国资国企改革转入以管资本为主的新阶段后，学术界、企业界和决策层普遍关注的一个核心问题。2020年中共中央、国务院《关于新时代加快完善社会主义市场经济体制的意见》中明确，对处于充分竞争领域的国有经济，通过资本化、证券化等方式优化国有资本配置。管资本导向下基于流动性的国有企业资本运营，将推动国有资产的流动性、政府与企业的关系、国有经济的激励约束机制发生巨大变化，为国资管理部门将管理重点由运营维护好实物形态资产的使用价值，转变到优化国有资本配置结构、提升治理效率，进而提高国有资本回报水平创造了微观基础。在梳理相关文献的基础上，本书结合国资国企改革40年来的丰富实践，将管资本导向下基于流动性的国有企业资本运营界定为：推进国有资产由不具流动性或流动性差的实物形态的国有企业，向具有流动性或流动性好的价值形态的国有资本转变，其运营的本质是提升流动性、推动国有资产实现形式转化。通过引入空间维度流动性的概念，即国有股权在不同所有制类型、不同区域股东之间交易的便利度，本书将公司制改造、混合所有制改革等国企改革纳入了管资本导向下基于流动性的国有企业资本运营的范畴。根据流动性差异，管资本导向下基于流动性的国有企业资本运营从低到高可分为公司化、股权多元化和证券化三个层次。其中，证券化，即国有企业公开发行股票并上市是最为人熟悉，也是流动性最高的管资本导向下基于流动性的国有企业资本运营形态。通过产权效应、治理效应、竞争效应、松绑效应和再配置效应，管资本导向下基于流动性的国有企业资本运营有助于提升国有企业绩效和国有资本回报水平。值得说明的是，本书所讨论的管资本导向下基于流动性的管资本导向下基于流动性的国有企业资本运营并不是一般财务学或投资学意义上的国有企业资本运营，其目的是构建管资本的微观基础。

  本书基于公司金融理论，从流动性视角构建了管资本导向下的国有企业资本运营理论框架，以阐释其基本内涵、内在结构以及作用于国有企业绩效的机制，并采用国有企业经验数据对该理论分析框架进行实证检验。研究内容包括五个部分。第一部分为绪论，提出管资本导向下基于流动性的国有企业资本运营问题，阐述研究对象、研究思路、研究方法、研究意义和本书创新之处。第二部分为理论基础与文献综述。第三部分为管资本导向下基于流动性的国有企业资本运营理论框架。基于公司金融理论，从提高国有资产流动性视角，构建关于管资本导向下基于流动性的国有企业资本运营的理论框架，阐述基本内涵、结构以及对国有企业绩效的作用机制和作用效果。第四部分为实证研究部分，采用国有上市公司经验数据对管资本导向下基于流动性的国有企业资本运营理论框架进行实证检验。第五部分为结论和政策建议部分，总结研究结论，提出政策建议，以及研究局限与展望。

目 录

1 绪 论 ……………………………………………………………… (001)
　1.1 研究背景 …………………………………………………… (001)
　1.2 问题的提出及研究意义 …………………………………… (007)
　1.3 研究对象、思路和方法 …………………………………… (011)
　1.4 研究创新 …………………………………………………… (015)
2 理论基础与文献综述 …………………………………………… (017)
　2.1 国有企业资本运营的文献综述 …………………………… (017)
　2.2 基于流动性的国有企业资本运营研究文献综述 ………… (024)
3 流动性、资本运营与国有企业绩效的理论框架 ……………… (038)
　3.1 流动性与国有企业资本运营 ……………………………… (038)
　3.2 管资本导向下基于流动性的国有企业资本运营的三种类型 …… (043)
　3.3 基于流动性的资本运营对国有企业绩效的影响机制 …… (048)
4 消极型监督者的股权交易流动与国有企业绩效关系的实证研究 …… (053)
　4.1 研究的问题 ………………………………………………… (053)
　4.2 研究假设和研究设计 ……………………………………… (054)
　4.3 实证结果与分析 …………………………………………… (059)
　4.4 影响机制的进一步研究 …………………………………… (061)
　4.5 实证结论与建议 …………………………………………… (067)
5 积极型监督者的股权交易流动和国有企业绩效关系的实证研究 …… (069)
　5.1 研究的问题 ………………………………………………… (069)
　5.2 研究假设和研究设计 ……………………………………… (070)
　5.3 实证结果与分析 …………………………………………… (074)
　5.4 实证结论与建议 …………………………………………… (079)
6 市场竞争环境与国有企业资本运营关系的实证研究 ………… (081)
　6.1 研究的问题 ………………………………………………… (081)
　6.2 研究假设和研究设计 ……………………………………… (082)

ⅰ

  6.3 实证结果与分析 …………………………………………（088）
  6.4 实证结论与建议 …………………………………………（095）
7 结论、政策建议与展望 …………………………………………（097）
  7.1 总体结论 …………………………………………………（097）
  7.2 政策建议 …………………………………………………（099）
  7.3 研究局限与展望 …………………………………………（100）
参考文献 ……………………………………………………………（101）
后 记 ……………………………………………………………（112）

1 绪 论

1.1 研究背景

1993年党的十四届三中全会提出建立现代企业制度。1997年党的十五大提出要完善国有资产管理、运营、监督体制。在此指导下，一系列国有企业改革陆续开展，公司制改制改革迅猛发展，取得了一定的成效。为适应体量巨大的国有资本投资运营现状，改革方向应该从以管企业为主转向以管资本为主（楼继伟，2017）；实现国有企业资本运营，才能更加专注于国有资本投资回报率的提高，实现国有资本在各国有企业间的重新配置，理顺政府、市场和企业的关系，增强国有经济活力（陈清泰，2015）。

1.1.1 我国国有企业改革回顾：基于资本运营的视角

依托与时俱进的国有资产管理制度，我国国有企业在不同的发展阶段都做出了相应的贡献，取得了一定的成绩（见表1-1）。改革开放以来，国有企业改革的成功在于，国有资本依托国有产权流动性日渐增强，从而推进国有企业资本运营水平逐步提升。

表1-1 我国国有企业资本运营改革发展历程

历史阶段	特征			具体表现
	所有制结构	产权结构	治理结构	
1979年之前	单一公有制经济	为全民所有制，产权不能交易	企业所有权和经营权均隶属于政府行政管理	行政管理和统收统支计划调节，投融资向政府申请；产品采购和产供销通过调拨途径完成

续表1-1

历史阶段	特征			具体表现
	所有制结构	产权结构	治理结构	
1979—1993年	国有经济和集体占主导,非公有制经济缓慢上升	展开股份合作制改革试点;国有股权没有进行交易和流动	所有权和经营权分离,政府直接管理	扩大国有企业经营自主权;实施"拨改贷""利改税"和"利润留成"等政策放权让利,实施承包经营,创新机制管理国有资产
1993—1999年	国有经济和集体经济占主导,国有企业民营化大规模实施;非公有制经济比例上升	部分中小国有企业股权转让给职工和管理层持股;大型国有企业交叉持股,股权开始交易流动	所有权和经营权分离,委托代理权责有待分明,存在内部控制问题	明确建立现代企业制度;实施公司化、股份制改造,上市证券化改革试点;掀起大规模国有企业民营化浪潮
1999—2012年	以公有制为主体,多种所有制共同发展	国有股权加快战略性整合重组	所有权和经营权分离,管理逐步规范	国有资产监督管理委员会成立,从提高国有企业效益到提高国有资本效率,进行国有资本战略重组流动,通过重组实现国有经济整体提升
2012—2018年	公有制在社会总资产中占优势	以混合所有制和股权多元化改革为发展重点	所有权和经营权分离,国有产权清晰、权责明确,激励完善约束机制	在关系国家安全和国民经济命脉的重要行业和关键领域,国有资本集中度提高,主导地位突出

1. 单一所有者为主的两权集中阶段(1979年之前)

这一阶段国有企业在计划经济条件下由国家全额出资,国家拥有企业100%的资本,截至1979年底,国有控股占比78.47%,集体经济21.53%,私营经济和其他经济为0。资本的所有权和经营权统一于国家,国有企业并不具备相应的自主权。国有资本产权隶属于政府行政管理,以政府安排为主体,资本运行效率与资源配置效率取决于国家决策。企业经济活动以行政管理和计划调节为基础,投资活动需向政府有关部门申报,获得批准后才可以申请拨款;产品采购和产供销均通过调拨的途径完成。

2. 物权为主的两权分离阶段(1979—1993年)

改革开放后,国有企业自主经营权逐步释放。这一阶段国有企业仍由国家财政直接投入,国有资产管理采用行业主管部门为主的管理模式,资本结构较为单一，股份合作制正处于试点阶段。截至 1992 年底，国有企业占比 51.52%，集体经济占比 35.07%，私营经济占比 5.80% 和其他经济占比 7.61%。一系列放权让利、承包经营等扩大国有企业自主经营权文件的出台并没有改变企业的所有权属性，仍属于控制权改革，国有资本产权制度以政府安排为主，企业安排为辅，而市场的安排才开始萌芽，企业控制权逐步从政府向管理层转移。这一时期，国有资本产权仍以物权（资产管理）为主要表现形式，所有权与经营权实现了分离，但仍是在以物权为主要形式下实行的分离。

3. 股权为主的两权分离阶段（1993—1999 年）

这一阶段明确将现代企业制度的建立作为改革方向。国有资本产权由以物权为主要形式转变为以股权为主要形式，所有权与经营权的分离在以股权为主要形式下实行。国有资产证券化以及以国有股、企业法人股和社会公众股为基本架构的企业股权结构受到了前所未有的重视。这一模式下国有资本产权进入了政府、企业、市场三重制度安排的格局。国有资本所有权的各种权能划分为多层次，实现了产权经营与资产实体经营的分离。"抓大放小"政策推进了中小国有企业民营化（实践中称为"改制"）进程，截至 1997 年底，国有企业数量占比 31.62%，集体企业占比 38.11%，私营企业占比 17.92% 和其他企业占比 12.35%。国有企业资本运营特征逐渐体现，同时兼具流动性和可交易性特征，为后期国有企业资本运营改革打下了基础。

4. 两权分离且管人管事管资产的国资监管阶段（1999—2012 年）

该阶段国有资本重点加快战略性重组。国有资本所有权与经营权分离，将国有资本效率的提高作为改革的最终目标，不再单纯地局限于企业效益的强化。2003 年底，80% 的国有企业完成公司制改革，境内外上市公司 490 家。2003 年，国务院国有资产监督管理委员（以下简称"国务院国资委"）成立，由其代表国家履行出资人职责，享有所有者权益，权责利相统一，采取管资产和管人管事相结合的国有资产管理体制。在资本运营及重组阶段进行国有资产科学资本运营估值及定价，实现资本溢价。资本运营改制及重组后，具体情况如图 1-1 和图 1-2 所示。

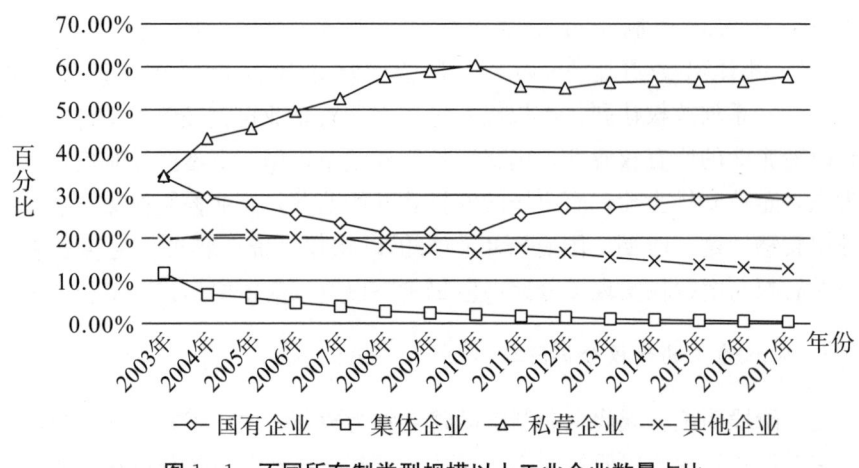

图 1—1 不同所有制类型规模以上工业企业数量占比

资料来源：根据《中国工业统计年鉴》整理绘制。

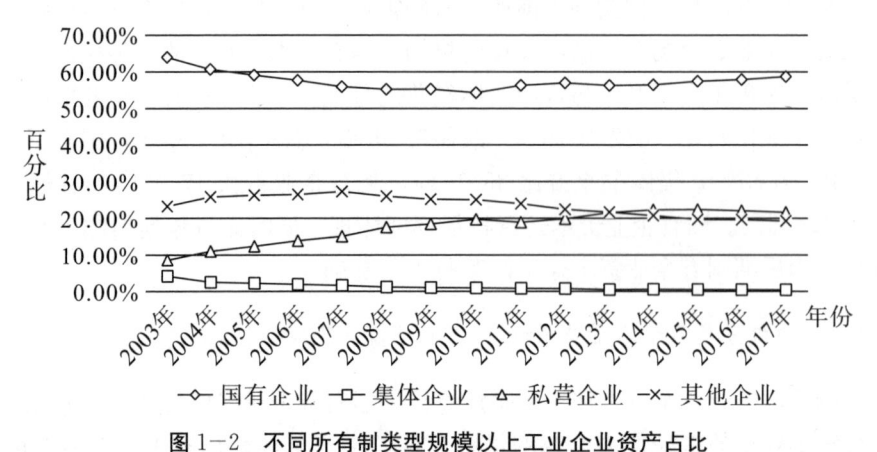

图 1—2 不同所有制类型规模以上工业企业资产占比

资料来源：根据《中国工业统计年鉴》整理绘制。

截至2012年底，从企业数量占比上看，国有企业数量占比26.94%、私营企业占比55.06%、集体企业占比1.44%和其他企业占比16.56%；从企业资产占比上看，国有企业资产占比56.97%，私营企业占比19.85%、集体企业占比0.75%和其他企业占比22.43%，国有企业数量大幅下降，但资产规模上仍保持控制力，增强了国有资本的整体质量。

5. 两权分离且深化管资本的国资监管阶段（2012—2018 年）

此时，国有企业改革进入了以管资本为主的新阶段[①]。现有国有企业被划分为商业类与公益类国有企业。商业类国有企业要按照市场规则进行商业化运作，以增强国有经济活力，放大国有资本功能，争取资本收益，在产权流动中提升国有资本价值。全面完成公司制改造后，国有企业上市证券化成为混合所有制的重要路径。推进混合所有制企业员工持股试点、国有资本投资和运营公司试点，进一步完善国有企业法人治理结构，以管资本为主推进职能转变。

我国国有企业改革经历了控制权改革到所有权改革，从早期放权让利、承包制和租赁制、建立现代企业制度、股份制改革到发展混合所有制，都是为了促进国有企业发展而实施的渐进式改革。经过 40 多年的实践，一定程度上保证了公有制为主前提下的国有企业资本运营，大部分改制企业的混合所有制和股权多元化将长期保持，一定程度上构建了管资本的微观基础。国有经济改革已进入较深层次，主要是调整经济结构，创新企业制度。

1.1.2　我国国有企业资本运营现状

截至 2020 年底，公司化改革方面，中央企业公司制改制工作全面完成，各地省属国有企业也陆续全面完成公司制改制。混合所有制改革方面，从企业户数层面统计，中央企业及各级子企业中混合所有制企业户数占比 70%，省属国有企业中混合所有制企业户数占比 54%。从所有者权益总额层面统计，中央企业所有者权益总额 24.7 万亿元，其中引入社会资本形成的少数股东权益 9.4 万亿元，占比 38%；省属国有企业所有者权益总额中少数股东权益占比 27%。在充分竞争领域国有企业混合程度更高，商业类中央企业的混合所有制改革比例超过 70%，省属国有企业比例达到 88%。证券化改革方面，中央企业资产证券化率 67%，省属国有企业资产证券化率 40%。公司化、股权多元化（混合所有制）和证券化改革方面都取得了较大进展[②]，但仍然有待提升。

---

① 2013 年，党的十八届三中全会审议通过《中共中央关于全面深化改革若干重大问题的决定》，指出形成以管资本为主的国有资产监管体制。2015 年，中共中央、国务院印发《关于深化国有企业改革的指导意见》，后续陆续出台一系列管资本为主的国有企业改革文件。

② 数据来源：国务院国资委网站。

1. 国有资本效率有待提升

现阶段，国有企业效益增速快速提升。2017年，国有企业实现利润总额1.67万亿元，比上年增长45.10%，增长速度远远高于其他类型企业中外商投资企业增长15.80%和民营企业增长11.70%。但是，整体而言国有企业盈利能力偏低。从2003—2017年利润资产比来看，规模以上国有工业企业低于其他类型企业（图1-3）。

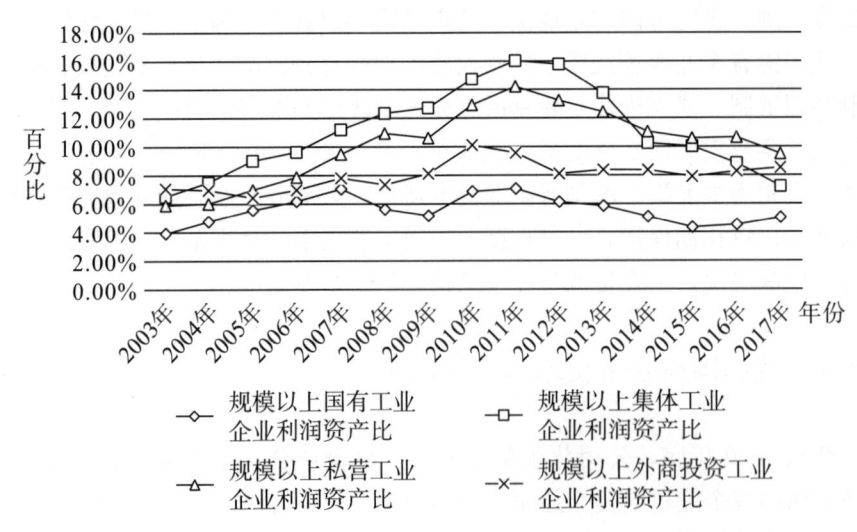

图1-3 不同所有制类型规模以上工业企业盈利能力（利润资产比）

资料来源：根据《中国工业统计年鉴》整理绘制。

2. 国有企业资本运营顶层设计有待加强

国有企业公司化近年取得了突破性进展，后续还需以推进董事会建设为重点，加快完善公司法人治理结构和机制等。同时，国有企业混合所有制和资产证券化水平显著提升，但是集团层面或母公司层面进行股份制改革的并不多，集团层面实现整体上市的公司就更少。国务院国资委监事会工作局以资产、收入、利润和从业人数四项指标为参考，将这四项指标占集团公司的比例超过80%的上市公司界定为整体上市公司。依据这一标准，截至2018年底，国务院国资委监管的中央企业实现整体上市的只有9家。未经改制的集团层面国有企业所控股的股份制公司大多数都建立了现代企业制度，但体制控制、公司所有权、控制权界限以及企业经营权管控等问题仍有待加强，以推动现代企业制度的建立以及公司治理机制作用的发挥。

3. 国有企业产权结构仍需优化

财政部相关统计数据显示，2018，年我国国有独资企业 3.5 万户，资产总额 36.5 万亿元，分别占国有企业整体的 17% 和 39%。上海证券交易所研究中心 2018 年一份调研报告显示，国有控股上市公司董事会控制权比所有权高 10%。所有权与控制权的不对称，使得股权比例较大的国有股东掌握了股东大会的主导权，享有利益分配和资金流转方面的特殊权利，其他产权权利为所有权所占据，公司治理难度加大。

4. 国有企业产权流动性积极性有待提高

现阶段，国有资产管理仍以实物管理为主，当外界经营环境发生变化时，国有资产也很难改变投资方向。尤其当前国有资产实施的是多级管理，多数国有资产都由地方政府掌握，政府在经营地方国有企业时更多考虑自身经济利益，导致国有产权流转不能按照市场化规则交易。同时，国有资产流失问题制约国有企业的产权流转动力，进而导致难以充分利用控制权市场对经营者进行激励约束。

1.2 问题的提出及研究意义

1.2.1 管资本导向下基于流动性的国有企业资本运营问题的提出

2013 年 11 月，党的十八届三中全会提出了以管资本为主加强国有资产监管的要求。从"管企业"到"管资本"，是从对国有企业的"管人、管事、管资产"，转向对国有资本的"管配置、管治理、管回报"，以提高国有资本配置率和运营效率。要最终实现这一根本性转变，既有赖于国资管理体制的改革，即建立与管资本相适应的国有资产管理体制；也需要国有资产管理对象的转化，即管资本导向下基于流动性的国有企业资本运营。

一方面，完善国有资本委托代理框架，建立与管资本相适应的国资管理体制。管资产与管人、管事相结合的管理方式，使国资管理机构陷于国有资产实物形态监管的具体微观事务，难以聚焦宏观层面国有资本布局配置和价值管理，不能适应以管资本为主进行国有企业改革的要求。为了解决这一问题，有必要从所有权管理、国有资本监督、国有资本运营等方面完善国有资本委托代理框架，以建立与管资本相适应的管理体制。2015年8月，中共中央、国务院印发了《关于深化国有企业改革的指导意见》；2015年11月，国务院印发了《关于改革和完善国有资产管理体制的若干意见》，从以管资本为主推进国有资产监管机构职能转变、改革国有资本授权经营体制、推动国有资本合理流动优化配置、推进经营型国有资产集中统一监管四个方面对完善国有资产管理体制提出了总体要求。2020年启动的"国有企业改革三年行动"，要求从监管理念、监管重点、监管方式、监管导向等多方位实现转变，在形成以管资本为主的国有企业监管体制上取得明显成效。党的十九届五中全会强调，健全以管资本为主的国有资产监管体制，深化国有资本投资、运营公司改革。

另一方面，推动管资本导向下基于流动性的国有企业资本运营，奠定管资本的微观基础。由管企业转向管资本，意味着国资管理对象的巨大变化，前者的管理对象是实物形态的国有企业，后者的管理对象则是价值形态的国有资本。国有资产要从国有企业形态转向国有资本形态，就需要进行国有企业资本运营，改革经营性国有资产的实现形式，由实物形态的国有企业转向价值形态、可以用财务语言清晰界定、有良好流动性、可以进入市场运作的国有资本（陈清泰，2016）。2017年中共中央办公厅、国务院办公厅印发的《关于创新政府配置资源方式的指导意见》中明确提出建立健全国有资本形态转换机制，以提高国有资本流动性为目标，积极推动经营性国有资产证券化。2020年，中共中央、国务院印发《关于新时代加快完善社会主义市场经济体制的意见》，明确提出对处于充分竞争领域的国有经济，通过资本化、证券化等方式优化国有资本配置。此后，国有资产的流动性、政府与企业的关系、国有经济的激励约束机制都将发生巨大变化，为国资管理部门将管理重点由运营维护好实物形态资产的使用价值，转变为优化国有资本配置结构、提升治理效率，进而提高国有资本回报水平奠定了微观基础。

1.2.2 研究意义

本书尝试管资本导向下基于流动性的国有企业资本运营视角，结合过去四十年来国有企业资本运营的改革实践，构建一个关于管资本导向下基于流动性的国有企业资本运营的分析框架，阐释国有企业资本运营内涵、结构以及对国有企业绩效的作用机制和作用效果，具有理论和实践两方面的意义。

1. 理论意义

第一，明确管资本导向下基于流动性的国有企业资本运营的概念。本书基于流动性视角来区别国有资产和国有资本，认为提升（产权交易）流动性是国有企业资本运营的本质，这既与公司金融理论强调股权交易流动性影响企业绩效的观点（让·梯若尔，2007；张文魁，2014）相契合，也符合国有企业改革的相关实践。沿着这一思路，本书认为，管资本导向下基于流动性的国有企业资本运营就是国有资产实现形式转化的过程，是从产权不具有流动性的全民所有制企业转变为股权可交易的公司制企业，从国有独资公司转变为含有各类所有制性质的股权多元化公司，从低流动性非上市公司转变为高流动性上市公司，（产权交易）流动性不断提升的过程，其本质是流动性的赋予和解放。换言之，只要相关国有企业改革发展措施有助于提升国有企业（产权交易）的流动性，就可以将其理解为管资本导向下基于流动性的国有企业资本运营程度的提升。

第二，基于公司金融理论流动性视角构建管资本导向下基于流动性的国有企业资本运营理论框架。管资本导向下基于流动性的国有企业资本运营使得国有企业产权具备了可交易性和不断增强的资本流动性，后续的国有企业可以通过股份制改造、股权多元化、上市证券化等形式进行产权结构的优化调整，通过资本市场实现国有资本有进有退和战略布局调整，提高资本创造价值的能力。根据流动性的高低，可将管资本导向下基于流动性的国有企业资本运营依次分为三类：（全民所有制企业）公司化、（公司制国有企业）股权多元化和（股权多元化国有企业）证券化。从国有企业的产权交易流动的空间和时间维度来看，证券化后的国有资本流动性更高，股权多元化次之，公司化最低；从适用性看，则是公司化最高，股权多元化次之，证券化最低。随着国有资本流动性的提升，可以通过产权效应、治理效应、竞争效应、松绑效应和再配置效应等渠道提升国有企业经营绩效，从而提升国有资本回报水平。

第三，基于公司金融理论，结合国有企业实践，实证检验流动性、资本运营与国有企业绩效，检验市场竞争环境与管资本导向下基于流动性的国有企业资本运营绩效的关系。参照让·梯若尔（2007）的《公司金融理论》，从消极型监督和积极型监督两个维度，以A股国有上市公司为样本，实证检验不同股东的股权交易性对企业绩效的影响，而且运用中介效应模型检验其影响机制，对不同性质混合所有制结构企业绩效进行比较分析。同时，地区间制度环境和市场环境的差异为我们检验国有企业资本运营程度提供了研究机会。本书详细阐述了地区环境涉及的政策制度、市场化水平、宏观经济发展水平、产业竞争格局等各种因素对我国管资本导向下基于流动性的国有企业资本运营程度的影响，并量化分析了这些因素在解释国有企业资本运营程度时的相对重要性，为已有研究做相应补充。

2. 实践意义

第一，加快推进管资本导向下基于流动性的国有企业资本运营改革，构建管资本的微观基础，推动国资管理对象由实物形态的国有企业向价值形态的国有资本转变。明确实现管资本导向下基于流动性的国有企业资本运营，针对主业处于充分竞争行业和领域，处于关系国家安全、国民经济命脉的重要行业和关键领域，主要承担重大专项任务，以及处于自然垄断行业的商业类国有企业，要以现代产权制度为核心，对这些国有企业进行公司制和股份制改造，将国家对国有企业投入的整体资产（实物资产、自然资源的所有权或使用权）转化为可分割的、多元化的国有资本产权进行管理，实现国有企业产权结构由单一走向多元，国家从管控、拥有国有企业，转变为对国有资本的管理以及运营。依托产权交易市场及证券市场等金融中介，通过资本的流动实现存量重组和增量优化，进一步完善公司治理结构和机制，从而提升国有企业绩效，进而最终提升整体国有经济价值。

第二，提出提高国有企业消极型监督者股权交易的流动性有利于促进企业绩效。通过实证检验发现以消极型监督者为主的股权交易流动性越强，越能够提升企业绩效。通过国有企业中消极型监督者持有股权的交易流动，进一步给管理层形成外部激励和约束压力，从而改善公司治理结构，优化产权结构，在市场体系当中平等竞争并实行优胜劣汰，国有资产有进有退，优化资源配置，为国有企业提高股权交易流动性提供了实践基础。

第三，提出国有企业积极型监督者如何进行股权结构流动配置有利于促进企业绩效。研究发现股权制衡有利于企业绩效，在渐进式转轨背景下，国有企业引入大宗股份、积极监督的非国有股东，企业内部形成有效制衡机制，表现出更优的企业绩效，为国有企业积极型的股东通过股权交易流动后配置更有效的混合所有制结构提供了实践基础。

第四，提出改善地区市场竞争环境促进地区资产证券化率的改革方向。实证检验发现，在转轨过程中，我国管资本导向下基于流动性的国有企业资本运营既要关注产权的转移，也要注重相关制度环境的建设与完善，比如完善和落实国有企业改革政策，提升经济发展水平和对外开放度，提高行业产品竞争度等，从而最大限度地提升国有企业资本运营改革效率。

1.3 研究对象、思路和方法

1.3.1 研究对象

1. 商业类国有企业

《关于深化国有企业改革的指导意见》(2015)以及后续出台的《关于国有企业功能界定与分类的指导意见》(2015)中,将现有国有企业划分为商业与公益两类,商业类国有企业将是未来国有企业改革的重点。上述文件对商业类国有企业的分类和经营目标提出了具体要求。相对于公益类国有企业以保障民生、提供公共产品和服务为主要经营目标,以国有独资形式运行为主,商业类国有企业以市场化运作为主,依法独立开展生产经营,以国有资产保值增值为主要经营目标,优胜劣汰增强国有经济实力。

国家要求,商业类国有企业要加大公司制股份制改革力度,尽快实现现代企业制度转型。其中,拥有充分竞争实力的商业类国有企业,重点要求考核经营业绩指标,考察国有资产是否保值增值以及企业在市场中的竞争能力,这类企业一般都要进行公司制股份制改革,保证其他社会资本的引入,国有资本参股或者绝对以及相对控股,加快改制上市证券化力度,努力实现整体上市。作为承担国家重担的商业类国有企业,应该保证国有资本控股的地位,同时鼓励非国有资本进行投资。处于自然垄断行业的商业类国有企业,根据不同行业的特点、鼓励竞争性业务的发展,保证公共资源的合理配置,对需要国有全资发展的企业,适当引进其他国有资本。对于这类承担国家任务的企业,在考核经营业绩指标和国有资产保值增值的同时,要加强对服务国家战略以及完成特定国家任务的考核。

2. 管资本导向下基于流动性的国有企业资本运营

管资本导向下基于流动性的国有企业资本运营是国资国有企业改革转入以管资本为主的新阶段后,学术界和决策层关注的一个核心概念。在梳理相关文献的基础上,本书基于公司金融理论强调股权流动影响企业绩效的传统,结合国资国有企业改革40年来的丰富实践,将管资本导向下基于流动性的国有企业资本运营界定为：国有资产由不具流动性或流动性差的实物形态的国有企业，向具有流动性或流动性好的价值形态的国有资本转变，其本质是（产权交易）流动性提升带来的国有资产实现形式的转化，其形式是（全民所有制企业）公司化、（公司制国有企业）股权多元化和（股权多元化国有企业）证券化。其中，（股权多元化国有企业）证券化，即国有企业公开发行股票并上市是最为人熟悉的国有企业资本运营形态，也是流动性最高的国有企业资本运营形态。

值得说明的是，本书所讨论的管资本导向下基于流动性的国有企业资本运营并不是一般财务学或投资学意义上的资本运作，其目的是构建"管资本"的微观基础。

此外，《关于深化国有企业改革的指导意见》中将国有企业划分为商业类国有企业和公益类国有企业，并明确了两类国有企业的战略定位、发展目标和改革方向。因此，管资本导向下基于流动性的国有企业资本运营完全适用于商业类国有企业，但不一定适用于公益类国有企业。为此，本书仅研究商业类国有企业的资本运营问题。若非特别说明，本书所讨论的管资本导向下基于流动性的国有企业资本运营均指商业类管资本导向下基于流动性的国有企业资本运营。

具体来说，实现管资本导向下基于流动性的国有企业资本运营，就是以现代产权制度为核心，对商业类国有企业进行公司制和股份制改造，将国家对国有企业投入的整体资产（实物资产、自然资源的所有权或使用权）转化为可分割的、多元化（以混合所有制为主）的国有资本进行管理，实现国有企业的股权结构由国有独资变为股权多元化，国家从管控国有企业，转变为对国有资本的管理以及运营，依托产权交易市场及证券市场等金融中介，通过产权（股权）交易的流动性实现存量重组和增量优化，最终提升国有经济的整体价值。

3. 基于公司金融理论的管资本导向下基于流动性的国有企业资本运营研究

笔者认为，提升（产权交易）流动性是国有企业资本运营的本质，这既与公司金融理论强调股权流动性影响企业绩效的观点（让·梯若尔，2007）相契合，也符合国有企业改革的相关实践。沿着这一思路，本书进一步认为，管资本导向下基于流动性的国有企业资本运营就是国有资产实现形式的转化过程，是从产权不具有流动性的全民所有制企业转变为股权可交易的公司制企业，从国有独资公司转变为含有各类所有制性质的股权多元化公司，从低流动性非上市公司转变为高流动性上市公司，（产权交易）流动性不断提升的过程，其本质是流动性的赋予和解放。换言之，只要相关国有企业改革发展措施有助于提升其（产权交易）流动性，就可以将其理解为管资本导向下基于流动性的国有企业资本运营程度的提升。

国有企业并不是为了资本运营而进行资本运营，驱动管资本导向下基于流动性的国有企业资本运营的关键在于资本运营可以经由产权效应、治理效应、竞争效应、松绑效应和再配置效应等渠道提升国有企业经营绩效，提升国有资本回报水平，并通过采用国有上市公司经验数据实证对（产权交易）流动性及其上述中介效应的影响机制和效果进行检验。

1.3.2 研究思路和章节安排

本书的研究思路是在新一轮以管资本为主要方向的国有企业改革背景下，尝试基于流动性视角构建一个关于国有企业资本运营的分析框架，并从不同角度实证验证其对企业绩效的作用机制和作用效果。行文思路如图1-4所示。

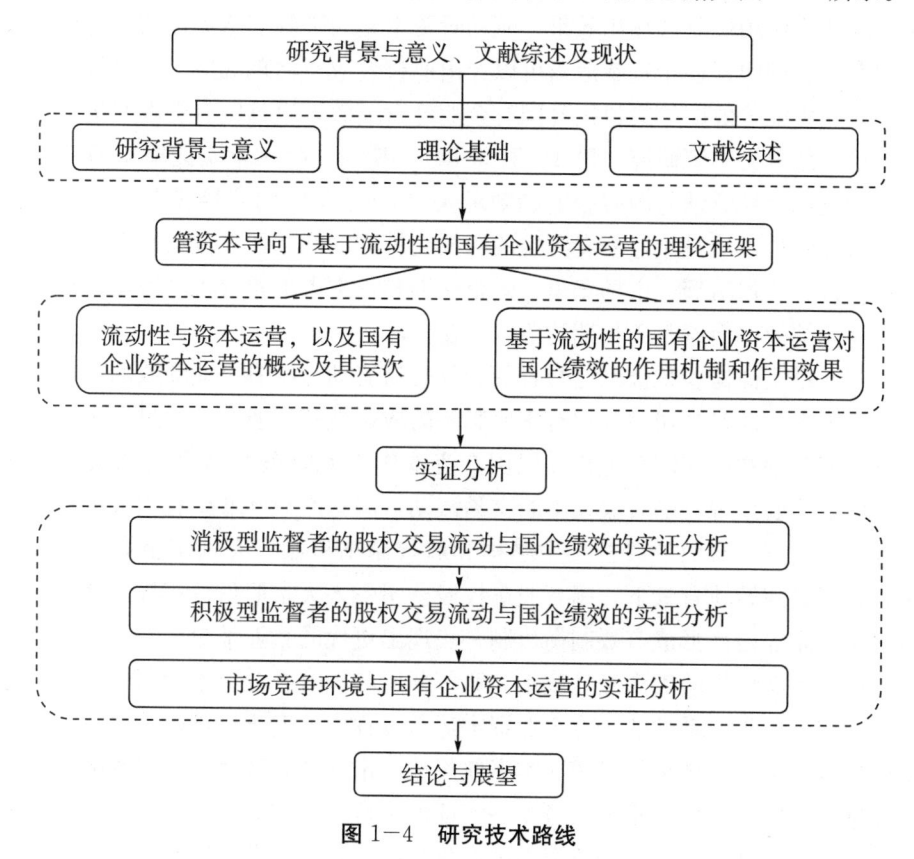

图1-4 研究技术路线

第一部分为绪论（第1章）。该部分提出管资本导向下基于流动性的国有企业资本运营问题，阐述研究对象、研究思路、研究方法、研究意义和本书的创新之处。

第二部分为理论基础与文献综述（第2章）。首先，综述国有企业的资产和资本异同，明晰管资本导向下基于流动性的国有企业资本运营的理论定义。其次，基于让·梯若尔（2007）的公司金融理论，综述产权因素、公司治理因素和市场竞争因素等对国有企业资本运营的影响，并参照让·梯若尔（2007）将股东对管理层监督的分类，综述两类监督者的股权交易流动与企业绩效文献。

第三部分为理论框架（第3章）。基于公司金融理论，尝试从国有企业出资者通过配置产权结构、治理机制等金融安排来解决委托—代理问题，从而确保国有股东获得最大回报这一视角，构建一个关于管资本导向下基于流动性的国有企业资本运营的分析框架，阐述国有企业资本运营内涵、结构以及对国有企业绩效的作用机制和作用效果。驱动管资本导向下基于流动性的国有企业资本运营的关键因素在于资本运营可以经由产权效应、治理效应、竞争效应、松绑效应和再配置效应等渠道提升国有企业经营绩效，提升国有资本回报水平。

第四部分为实证研究（第4、5、6章）。其中，第4章实证检验消极型监督者的股权交易流动与国有企业绩效的关系。以A股国有控股上市公司为样本，研究发现以消极型监督者为主的股权交易流动性越强，流动性通过作用于产权结构、公司治理、市场竞争、政企松绑和资本再配置等机制渠道，越能够提升企业绩效，使着眼于长期的股东受益。

第5章实证检验积极型监督者的股权交易流动与国有企业绩效的关系。积极型监督者，即对公司控制权有重要影响的战略性核心股东。通过运用公司金融的股权集中和股权制衡理论，以国有资本作为大股东的A股上市公司为样本，实证检验发现，随着股权不断交易流动，国有产权和非国有产权混合比例不断调整，形成有效的股权集中结构和股权制衡机制，有利于企业绩效；同时，在渐进式转轨背景下，国有股东控股公司引入大宗股份、积极监督的非国有股东，企业内部形成有效制衡机制，表现出更优的企业绩效。

第6章实证检验宏观经济政策和竞争环境与国有企业资本运营的关系。管资本导向下基于流动性的国有企业资本运营过程中，宏观经济政策和竞争环境影响股权交易流动效果的发挥。本书使用地区市场竞争环境指标对影响国有企业资本运营的多方面因素进行考察。实证结果显示，国有企业所处地区的政策和竞争环境显著影响国有企业资本证券化程度和资本运营的国有企业绩效。

第五部分为总体结论和政策建议（第 7 章）。总结整体结论，提出政策建议以及存在的不足和下一步研究方向。

1.3.3 研究方法

归纳推理。本书通过对文献成果的综述形成写作的理论基础。通过对资本、国有资产、国有资本等基本概念搜集整理，确定研究对象和范围。并通过管资本导向下基于流动性的国有企业资本运营改革现状的资料搜集，明确问题导向的研究思路。在国有企业资本运营框架及其对企业绩效的影响方面，通过寻找产权理论、委托代理理论等理论基础，以及企业绩效相关影响因素的文献成果，以比较成熟的研究作为参考，通过总结文献，找出国有企业的资产和资本的本质区别，提出流动性是国有企业资本运营的本质特征，进而基于公司金融理论和国有企业改革实践，归纳推理形成本书管资本导向下基于流动性的国有企业资本运营的理论分析框架。

计量经济模型分析。在归纳推理的基础上，本书的实证检验主要采取计量经济模型分析。通过理论文献综述和社会实践分析，归纳总结出本书的理论脉络，推理提出研究问题的影响因素，再以一定的经济理论和现实数据资料为依据，运用数理统计方法和统计分析软件，建立实际问题的数学模型。通过大量数据回归检验，对事实的归纳进行证实或证伪，探讨管资本导向下基于流动性的国有企业资本运营影响因素的影响程度、分析资本运营股权交易流动等对国有企业绩效结果的影响，得出规律性结论。运用中介效应检验，分析回归结果的影响机制；运用拟合优度分解方法，探讨国有企业资本运营影响因素的影响程度等，得出规律性结论。在归纳推理的基础上，通过计量经济模型的实证检验分析使我们对研究问题有更加全面的认识。

1.4 研究创新

第一，基于公司金融理论流动性视角明确管资本导向下基于流动性的国有企业资本运营概念并构建理论框架。现有国有企业资本运营的相关概念大多从企业管理学、财务会计学等视角进行研究，且通常缺乏一个完整的分析框架。基于金融学视角的研究也仅将管资本导向下基于流动性的国有企业资本运营理解为上市，不能概括国有企业改革的实践。本书从公司金融的流动性视角，提出流动性是国有企业资本运营的本质这一观点，以此构建起管资本导向下基于流动性的国有企业资本运营的理论框架，并通过实证对流动性影响国有企业绩效的机制和效果进行检验，为深化"管资本导向下基于流动性的国有企业资本运营"这一核心概念提供理论和实证支持。

第二，提出要实现管资本国有企业改革转型，就需要加快推动管资本导向下基于流动性的国有企业资本运营实现国资管理对象的转型，构建管资本的微观基础。现有文献大多依据会计学、财务学和金融学等理论来构建管资本的国有企业改革思路。本书提出要实现国有企业管资本改革这一根本性转变，就必须通过管资本导向下基于流动性的国有企业资本运营，使得国资管理部门将管理重点由运营维护好实物形态资产的使用价值，转变为优化国有资本配置结构、提升公司治理效率，构建管资本的微观基础，对于丰富以管资本为主的国资国有企业改革理论具有积极意义。

第三，实证检验消极型和积极型监督者的股权交易流动与国有企业绩效的关系。不同于现有关于流动性的文献大多集中在流动性的资产定价，参考让·梯若尔（2007）将股东对管理层的监督分为消极型监督和积极型监督两类的分类方法，本书将国有企业的股东分为消极型和积极型两类，分别实证分析两类股东持有股权的交易流动性对企业绩效的影响。其中，对于消极型监督者，不仅检验股权交易流动性对企业绩效的影响，而且运用中介效应模型检验其影响机制；对于积极型监督者，将国有资本参与的企业按照控股股东和制衡股东的不同性质进行分类，并从技术效率和财务效益两个维度度量企业绩效。通过这一系列创新研究发现，在渐进式转轨背景下，消极型监督者提高股权交易流动性，同时积极型监督者形成国有股东控股、非国有积极股东制衡的混合所有制结构，更有利于企业绩效的提升，这一结论丰富了我国国有企业改革研究的理论和实证。

第四，弥补现有研究缺乏对地区竞争环境与国有企业资本运营改革关系探讨的不足。现有国有企业改革理论文献侧重于产权改革和公司治理改善的动因、影响因素对企业绩效的检验，对国有企业所处地区国有企业改革政策、宏观经济发展水平等竞争环境因素这一问题关注较少。基于让·梯若尔（2007）提出的宏观经济政策和环境与公司金融有很多相关性，本书理论综述并量化分析了地区市场竞争环境涉及的政策制度、市场化水平、宏观经济发展水平、产业竞争格局等因素对管资本导向下基于流动性的国有企业资本运营程度和绩效的影响，对现有研究进行了补充。

2 理论基础与文献综述

2.1 国有企业资本运营的文献综述

2.1.1 资产和资本的文献综述

1. 资产的概念和特征

资产，英文为"asset"或"property"，作为财务会计框架中最重要的一个要素，在以各国和国际会计准则为主的财务会计研究方面形成了多种定义。西方经济学家进行了会计中的经济解释。在国内，直到 20 世纪 80 年代末，会计报表才逐步出现资产等术语。由国内外关于资产的各类定义可以归纳出，会计学和经济学资产的概念基本接近，国内外会计准则对于资产的定义基本接近。资产具有以下特征：第一，由过去的交易或事项为企业带来这项取得或者控制经济利益的权利（舒尔茨，1993）。交易或事项包括购买、生产、建设等。预期在未来发生的交易或事项不构成资产。第二，资产由企业拥有或者控制。企业享有的某项被定义为资产的资源，可以是企业拥有所有权的，也可以是不拥有所有权但是能够被企业控制的。资产和是否拥有该资产的所有权没有必然联系，以实际控制权确认资产，实质上的控制更重要（葛家澍，2005；吴艳鹏，1991）。第三，资产是预期带来经济利益的（经济）资源（亨德里克森，1992）。具有未来带来现金或现金等价物等经济利益流入企业的潜力，即具有带来经济利益预期可能性的资源才被定义为资产。资产不是经济利益，而是未来经济利益的载体。持有资产的目的在于拥有其未来获得经济利益的权利。第四，物质性、物质形态的资产有货币资产、实物资产和无形资产等多种形态。

2. 资本的概念和特征

资本，英文为"capital"，在国内外经济学和金融学方面形成了不同的定义。对于不同的定义，本书归纳总结认为，资本从社会属性来看，本质上是一种（以物为媒介而成立的人与人之间的）社会关系，它体现了资本家对雇佣个人的剥削关系（马克思，1867）从自然属性来看，资本是用于生产或经营的生产要素，在流动中实现价值增值。从西方经济学的角度，资本更多地被理解为一种生产要素，能够与劳动、土地共同创造商品，是创造出的商品物质的价值（保罗·萨缪尔森，1948）。资本具有以下特征：第一，增值性。资本在运动中实现价值增值。第二，流动性（周转性）。资本在流动中不断改变形态，实现价值增值。资本追求利润的本性，使得其本身就具备优胜劣汰的竞争性质以及追求利益的流动性（郭复初，1997）。第三，风险性。资本的价值增值受内外各项因素的影响，具有不确定性。第四，价值性。资本是为了完成生产经营活动而垫付的资金（郭复初，1997），是初始投入的生产要素（资本）现在的货币价值（保罗·萨缪尔森，1948）。资本以物质形态的资产为载体。投入资本转化为资产的各种物质形态，经过流动带来收益，主要体现为未来收益的价值。

3. 资产和资本的辨析

陈志武（2007）认为，根据契约理论，资产是物质形态，货币是把资产卖掉后的价值载体，而资本是以产权契约、金融票据、证券契约等形式将财务资本化的所得，是资产和未来收入流的产权证，它是广义的货币，是与具体的财产相对应的产权。结合资产和资本定义，本书认为，资产的持有者是拥有该项资源获得未来经济利益的权利，在资产的运动中直接是实物资产、货币资产和无形资产等物质形态。资本是资本所有者投入的用于生产或经营的生产要素，在资本的运动中，以物质形态的资产作为载体，不断变换形态，实现价值增值。

资产和资本的共同点在于：第一，资产和资本都有能够为持有者带来经济利益的潜力。第二，资产和资本的价值都在于持有者在未来所能获得的经济利益（现金流）现在的货币价值。差异点在于：第一，资产是物质形态的，资产的价值是物质形态的资产带来的经济利益的现时价值。资本是价值形态的。第二，资产是物质形态的，具有能够带来经济利益的潜力。比如机器设备资产可以直接生产产品，带来经济利益。资本是价值形态的，作为一种生产要素，必须投入生产，转变资本形态，才能带来经济利益。第三，资产侧重于体现历史性。按照历史交易情况，依据权责发生制，对拥有和控制的经济资源进行确认。资本侧重于体现未来性。资本的逐利性使得资本必须通过流动，在不同的价值形态之间进行转换，才能体现出增值的价值性。按照未来流入的经济利益的现时货币价值，依据未来收益折现法，对投入的资本进行价值确认。

2.1.2 国有企业资产和资本的文献综述

1. 国有企业的资产

国有企业，是国家对其企业拥有控股权或者控制权的企业[①]。国有企业里的初始资金主要通过两种途径获得：一是股东的出资，即资本金；二是负债，即企业向外界的个人或者组织机构的借款。国有企业作为独立法人，用企业通过两种途径获取的货币资金购置资产，形成国有企业的资产。这样，国有企业内部就形成了三个利益主体：企业法人本身、企业的股东（出资人）、企业的债权人，这也促成了企业三大产权关系的形成，即企业法人财产权、企业出资人的所有权和债权人的债权。第一，国有企业法人的资产，是由国有企业法人拥有或者控制，使用企业资金来源获取的资金购置或者运营资产，是具有未来带来现金或现金等价物等经济利益流入企业潜力的资源。国有企业法人拥有企业法人财产权，即对这些资产拥有使用权，以及享有未来获得经济利益的收益权。第二，国有企业股东（出资人）的所有者权益，体现为政府或者国有企业作为国有股东（出资人）投入企业的资金额（若股东以实物或股权出资，则按照实物或股权价值来计量出资额）；同时国有股东按照出资股权比例享有经营权（重大决策和选择管理者）、收益权、处置权等。第三，国有企业债权人的债权，基于借给国有企业资金，形成国有企业的负债。国有企业债权人有到期收回借给国有企业债权的权利。

2. 国有企业的资本

从政策法规来看，可以将国有资本定义为：国家对企业各种形式投资和投

---

① 本书所指的国有企业主要是指国有绝对和相对控股的国有企业，具体包括：国有持股机构（包括政府部门、机构、事业单位等）出资设立的国有独资企业（公司），以及上述单位、企业直接或间接合计持股为100%的国有全资公司；国有持股机构单独或共同出资，合计拥有产（股）权比例超过50%，且其中之一为最大股东的企业；上述企业对外投资，拥有股权比例超过50%的各级子企业。

资所形成的权益,以及依法认定的属于国家所有的其他收益。国有资本包括两个部分:国家投资所形成的所有者权益以及依法认定归属国家所有的投资收益和其他权益。国有资本具有资本的特征:一是增值性。国有资本在运动中实现价值增值,体现为国有企业利用资产实现利润的能力。二是流动性(周转性)。国有资本在运动中不断改变形态,实现价值增值,体现在国家初始资本(以注册资本金形式投入国有企业)—国有企业资产(企业用注册资本金购买资产并运营)—国有资本(增值后的资产卖出后形成更多的资金,转化为资本投入下一轮投资)。三是风险性。资本的价值增值随着内外各项因素的影响,具有不确定的风险。四是价值性。国有资本以物质形态的资产作为载体。投入企业的资本转化为国有企业法人财产的各种物质形态,经过流动带来收益,变现后实现较原始投资资本的增值。资本主要体现为未来收益的价值。同时,国有股东的身份使得国有资本还具有不同于其他资本所独有的控制性和引导性,主要体现在优化国有资本规模及布局方面。

3. 国有企业的资产和资本差异辨析

现有文献从不同视角出发,主要关注了两者的之间差异。

第一,形态的差异。资产是物质形态的,分为货币资产、实物资产和无形资产等多种形态。物质形态的资产具有专用性和不可分割性,它强调实物指标和使用价值(蒋一苇、唐丰义,1991)。企业可以使用资产,但不强调经营与盈利。资本本身就是价值形态,它的价值取决于按实际经济效益对资产进行的评估(蒋一苇、唐丰义,1991),在企业层面体现为与国有财产相对应的国有股权占有比例和股份构成(曾文虎,2014)。国有资产一旦通过评估或市场定价,以投资的形式进入国家控股或参股的公司企业,原来实物意义上的国有资产便已不复存在,而转变为国有资本(文宗瑜,1996)。价值形态的资本具有可统一度量性、可分割性,它的重要经营目的是追求国有资本的增值。

第二,所有者主体差异。资产与实物相联系,只能一物一主;资本与出资者联系,可以容纳一企多主(蒋一苇,1993)。资产与资本是否为同一主体是划分企业类型的重要依据。全民所有制国有企业与个体企业,资产与资本的所有合二为一。公司制和股份制国有企业中,企业法人资产和企业股东资产相分离。企业法人享有财产物权,以全部资产对经营债务负责;股东即出资者享有自己出资范围内的出资权,国家不直接拥有资产,只作为大股东存在。

第三,增值运营机制差异。资产和资本都具有逐利性,这是一种自然属性(坎宁,1929;斯普路斯、莫尼茨,1962);两者的价值是资产和资本的持有者在未来所获得的经济利益（现金流）现在的货币价值（保罗·萨缪尔森，1948）。但是资产和资本机制下保值增值的运营重点存在差异。对于实物形态的资产，重点在于维护、维修好，使其保持完整性（不流失），具备使用价值，带来价值量的增加，这是资产层面的保值增值机制。机制对于价值形态的资本，价值是动态的、不断变化的，它的运营机制是通过追求企业利润最大化，在资本运营周转过程中带来价值增值（蒋一苇、唐丰义，1991）。

第四，流动性差异。基于上述形态、所有者主体和运营增值机制的差异，资产和资本体现出强烈的流动性差异。资产，比如机器设备资产，可以直接投入生产带来经济利益。资产一旦受损或者出售，就会影响企业生产。按照自然经济对实物资产占有和贮存的观念，企业法人关注和经营的重点在于保障资产完好，宁肯让资产闲置，也不愿出让转做有利的其他经营（蒋一苇、唐丰义，1991）。而投入企业以股权（股份）形态存在的国有资本，国家作为所有者经营的是虚拟资本，不能直接干预经营者的日常经营活动，重点管理国有资本的收益性、流动性（干胜道，1999）。国有资本追求利润最大化，在相应的资本市场实施分拆、转让、收购等多种形式的股权（股份）流动重组，以获取增值收益，但并不影响企业的正常生产。

2.1.3　管资本导向下基于流动性的国有企业资本运营的文献综述

1. 资本化的概念

《经济大辞典》(1983)为资本化作了定义，归纳起来，主要包括三个角度。一是从会计支出处理的资本化角度。企业发生的一项支出或者新增固定资产投资，若可以在未来多个会计期间发挥其资产效用，则将其作为长期资产列支，分期转为各期产品的成本费用，现金流在未来各期收入中得以补偿。二是从融资渠道的资本化角度。企业从股东和债权人两种渠道筹集的长期资金总额，称为资本化额（陈石进，1986），是企业可以长期使用的永久性资本。比如，企业可以将资本公积转增注册资本金，发行永续债，这些都是企业可采取的资本化的融资方式。三是从未来收益资本化的角度。按照西方经济学理论，资产的价值不能使用"历史交易成本"计量，而应该将资产在存续使用期间获取的经济收益折算成现在的价值（现值），这也被称为资产所有权收益的资本化价值（Riahi-Belkaoui，2004）。将一项资产或一个企业未来预计收益通过贴现计算为现值，其计算公式为：

$$p = \sum_{j=1}^{n} \frac{R_j}{(1+i)^j}$$

其中，p 是资本化价值或现值；R_j 是第 j 期间期望净现金流入；i 是适用的贴现率；n 是剩余有用经济寿命。

2. 管资本导向下基于流动性的国有企业资本运营的概念

在管资本导向下基于流动性的国有企业资本运营方面，对国有资本进行管理的国有企业改革思路在学术界由来已久。郭复初（1988）提出，在社会主义财务层次中，首要的是国家财务，国家以所有者身份对企业或部门的资金或者收入进行分配与再分配。蒋一苇和唐丰义（1991）提出国有资产的价值化管理，按照资本的机制对国有资产进行商品化、价值化的管理。随后，随着国务院国资委的成立，国有资产管理逐步进入了管人、管事、管资产的阶段。十八届三中全会以来，关于以管资本为主加强国有企业监管和运营的文献日益丰富，对于从管国有企业到管国有资本的论述也较多。论述主要有两类，分别从财务管理和金融视角阐述国有企业改革管资本的转型思路。

一类侧重于从企业财务管理向国家财务理论的转型发展。区别于以行政管理者身份进行的国家财政分配理论的研究，也区别于以国有企业为主体进行的财务理论研究，国家财务的本质是国有资本的投入、产出（收益）活动，及其体现的经济关系体系，具有筹资、调节、分配、监督和服务国家发展战略的职能（郭复初，1991）。2003 年郭复初再次提出，国务院国资委管资产与管人、管事相结合，使得其陷于国有资产实物形态监督，要转型专门从事国有资本的经营工作。随着国家财务理论的研究不断深化，全面探讨了国家财务管理、监督体系的建设（郭复初等，2002）和国有资本运营管理（何加明，2006），将国家财务的一般特点进一步概括为所有者财务（干胜道，1995），提出国有资本管理从本质上讲属于国家以所有者身份进行的财务管理，按财务管理的规律去管，形成了一大批理论成果。这类文献立足于财务理论的角度，对国家管资本中国有资本运营、监督和管理体系的建设进行了探讨。

另一类侧重于从管理国有企业实物资产向管理价值化、资本化后国有资本的转型改革。蒋一苇、唐丰义（1991）提出国有资产的价值化管理，核心是按照资本的机制实现国有资本在运转过程中价值增值、资本积聚扩张等，这是资本化管理的雏形。文宗瑜（1996）提出国有资产再资本化概念，就是使固化状态的国有资产存量转变为可以流动的人格化的国有资本，国有资产在实物形态、货币形态和证券形态（货币形态的衍生或称为特殊的货币形态）之间及时、互相转化，实现资源优化配置。陈志武（2007）指出国有企业未来现金流折现后的价值作为资本化后的国有资本，通过产权化、证券化或者金融票据化转变成为流通的金融资本，带有金融属性，这是从金融视角提出国有企业资本运营概念。随着管资本政策的推进，2017年《关于创新政府配置资源方式的指导意见》中明确提出建立健全国有资本形态转换机制，以提高国有资本流动性为目标，积极推动经营性国有资产证券化。李荣融和李金波（2020）提出国有资本形态转换，是指国有资本从实体形态转变为价值形态，或者从价值形态转变为实体形态，或者从一种价值形态转变为另一种价值形态。陈清泰（2012、2018）提出，管资本就是改革经营性国有资产的实现形式，由实物形态的国有企业转向价值形态、可以用财务语言清晰界定、有良好流动性、可以进入市场运作的国有资本，并建立以财务约束为主线的委托代理机制。该资本形态于企业内部表现为股份占有比例和股份构成；于企业外部，可与相对应的资本市场衔接，并使该股份在资本市场以出售、转让、并购等多种形式进行流动重组，最终实现企业资产的保值、增值的有效流动（曾文虎，2014）。这种国有企业资本化有助于实现国有企业产权结构由单一走向多元，国家从拥有、管理和控制国有企业，转向拥有、经营和运作国有资本（赵昌文，2013）。管资本政策的重视和有关文章的发表引起了学术界的广泛关注。实现国有资产资本化率是要依托资本市场优化国有资产转化为国有资本的比率。国有资产管理从管资产向管资本转变，必然依赖国有资产证券化率的不断提高，通过专业化运作使得更多国有资产转化为可交易、可流动的国有资本（文宗瑜，2018、2019）。

2.1.4 管资本导向下基于流动性的国有企业资本运营文献简评

关于管资本导向下基于流动性的国有企业资本运营的文献，归纳起来主要包括四个角度。一是从融资渠道的资本运营角度，以资本为纽带，从股东和债权人两种渠道筹集企业长期使用的"永久性资本"（保罗·萨缪尔森，1948；陈石进，1986）。二是从未来收益的资本运营角度，资产或一个企业的价值不能使用历史交易成本计量，而应该将资产或企业在存续使用期获取的经济收益折算成现在的价值（现值），这也被称为资产所有权收益的资本化价值（Riahi-Belkaoui，2004；陈志武，2007）。三是从金融属性的资本运营角度，国有企业资本运营可以给市场带来更多金融资本供给，推动更多优化投资（陈志武，2007；曾文虎，2014）。四是从所有者财务管理的资本运营角度，国家以国有企业所有者身份通过管理资本布局、资本委托授权、经营者激励和约束等，实现国有资本管理预定目标（郭复初，1991；干胜道，1995；黄小花，1999）。上述对于国有企业资本运营的定义，从财务管理和金融属性角度阐述较多，但是很少从资本流动性、周转性角度来阐述和定义。

本书认为，国有企业资产和资本的本质区别应该在于（产权交易）流动性。相对于管资产，国有企业资本运营的最显著特征在于：管资本导向下基于流动性的国有企业资本运营后，国有企业产权具备了可交易性，资本流动性也不断增强，使后续的国有企业可以通过股份制改造、股权多元化、上市证券化等形式进行产权结构的优化调整，通过资本市场实现国有资本有进有退和战略布局调整，提高资本创造价值的能力。本书将从提升产权（股权）交易流动性的角度定义和阐述管资本导向下基于流动性的国有企业资本运营的概念及内涵。

2.2 基于流动性的国有企业资本运营研究文献综述

2.2.1 基于流动性的国有企业资本运营影响因素文献综述

基于让·梯若尔（2007）的公司金融理论研究分支，结合现有文献关于国有企业改革发展的路径，本书整理的影响管资本导向下基于流动性的国有企业资本运营及国有企业绩效提升的因素主要有产权因素、公司治理因素和市场竞争因素等。

产权因素。这是解决一个到多个股东对国有企业管理层的监督问题。国有企业的低效率主要是国家所有制下的委托—代理问题和效率损失导致的。M. Friedman（1962）就曾指责过国有企业效率问题。世界银行经过大量调查研究也提出国有企业存在机制僵化、效率低下等弊端。要从根本上解决这些问题，需要从产权制度入手，解决激励机制和经营者选择机制两个问题（张维迎，2010）。产权论者也支持引入现代公司治理机制，但认为公司治理只能解决短期激励，要从根源上解决国有企业问题，需要引入积极有效的产权所有者（以非国有资本所有者为主），对国有企业进行民营化改革。实证方面，产权因素的效应得到了充分验证，产权结构比公司治理更为重要（胡一帆等，2005）。比其他生产要素也都更为重要（朱嘉伟、陈洁，2020）；国有资本对企业绩效的影响显著为负（刘小玄、李利英，2005；聂辉华等，2008）。产权改制为非国有控股后绩效提升显著（李广子、刘力，2010；徐明东、田素华，2013）。混合所有制改革引入非公有股东的类型与时机对公司绩效影响较大（沈昊、杨梅英，2019）。

公司治理因素。这是解决企业内部人的激励问题。现代企业公司治理是所有权和经营权分离下，理顺股东和其他利益相关者关系的一种协调机制（Berle & Means，1932），关键是使得内部人控制下股东拥有的企业剩余索取权和股东控制权对应，减缓委托代理问题，保证股东利益最大化。[①] 依据现代公司理论，一众学者认为国有企业由于其特殊的企业性质，在公司治理结构方面表现出与一般公司不同的治理问题：面临"所有者缺位"和"虚委托人"问题，"内部人控制"现象严重；委托代理层次太多导致代理成本居高，效率损失；公司治理结构不完善，股东、董事会、经营层之间未能建立相互制衡机制，激励约束机制缺失，经营层选拔机制不到位；股权结构不合理，国有股一股独大使得公司治理失效。治理转型比所有制转型更加重要（张文魁，2010），需要进一步构建现代企业制度，改善内部治理结构和外部治理环境（武常岐、钱婷，2011；黄群慧，2019）。上市也是国有企业改进绩效的一种途径（胡吉祥等，2011）。

市场竞争因素。林毅夫等（1997）认为，国有企业存在一定政策性负担，从而产生了逆向选择和软预算约束的问题，导致效率低下。政府积极推动国有企业产权重组是出于财政收入扩张的动机（朱恒鹏，2004；古志辉和蔡方，2005；Liu et al.，2006）。政府对国有资产和相关产业进行控制和保护，会在一定程度上给资本市场、劳动力市场等要素市场与商品市场的效率造成损害（平新乔，2004）。因此，需要消除地方政府和国资委两个委托人之间的外部性（Siqueira et al.，2009），实现政企分开（陈清泰，2015），为政府和企业松绑。市场竞争论者认为创造一个公平、充分竞争的市场环境是国有企业改革的核心，竞争可以向资产所有者提供关于成本和经理努力程度的信息，从而降低经营者和所有者之间信息不对称、激励不相容和责任不对等等问题，资产所有者

[①] 公司治理的理论文献起源于 Berle 和 Means（1932）的开创性研究，公司治理是企业内部治理机制和外部治理机制的综合，促使追逐个人利益的公司控制者做出有利于实现公司所有者利益最大化的决策。一般而言，公司治理结构分为公司内部治理和外部治理两部分。内部治理主要明确股东、董事会、经营层其他利益相关方的权责利及其决策规则，主要包括董事会、高管人员薪酬、股权结构、财务信息披露等；外部治理包括外部控制权市场、法律体系、对中小股东保护机制和市场竞争等。本书重点综述了与国有企业绩效有关的治理因素，未对公司治理以及公司治理与企业绩效的关系等内容进行综述。同时，现有文献重点考察国有企业内部治理结构和企业绩效的关系，外部治理因素文献较少。

可以制定更有效的激励机制并对经理努力程度进行更加准确的评估，以及通过企业预算约束的硬化创造良好竞争环境，从而促进国有企业改进内部管理体制，提升企业绩效（Lin et al.，1998；Yarrow，1986；黄速建等，2019；余菁，2020）。这种理论也被称为"市场论"或"竞争论"。

其他因素。一些文献实证检验了其他影响国有企业改革绩效的因素。首先，内部激励和约束机制的完善、利润分享和奖金制度等也是重要影响因素（Groves et al.，1994；Liu & Liu，1996；刘小玄、郑京海，1998；郑京海等，2002；辛清泉、谭伟强，2009）。其次，其他企业管理制度方面的因素，比如人力资源素质的提升促进企业绩效（Groves et al.，1994；刘小玄等，1998）；管理费用和财务费用的降低提高企业利润（白重恩等，2005）；集团管控式组织结构（武常岐和钱婷，2011）、事业部制组织结构（Dharwadkar et al.，2000）缓解委托代理获得绩效改善。最后，转型时期大中型国有企业的利润来源于那些处于垄断或占据垄断地位的行业（刘小玄，2003）。赵昌文等（2018）通过因素分解验证了国有企业绩效影响因素的占比，其中，就生产效率而言，行业周期因素占比44.45%，垄断因素占比7.00%，改革因素占比6.80%；就国有企业效益而言，改革因素占比19.87%，行业周期因素占比18.85%，垄断因素占比4.21%。

影响因素的重要性比较。关于国有企业绩效的影响分析中，主要有产权论[①]和竞争论。产权和竞争究竟各自对国有企业绩效影响如何？谁的作用更大？两种改革顺序不同是否会产生不同的效果？这些领域的研究目前尚未达成一致。

一方面，研究证明产权改革明显改善了国有企业绩效。国有企业民营化产权改革是有效的（刘小玄，2003；白重恩等，2006；胡一帆等，2005、2006；宋立刚和姚洋，2005；桑凌和李飞，2019）。特别是针对上市证券化改革，Megginson et al.（1994）、Boubakri et al.（1998）、D'Souza et al.（1999）、Sun et al.（2003）以及李丹和李金波（2019）的实证检验支持国有企业上市有利于企业绩效的结论。有些研究认为产权改革比市场竞争更为重要。Ros（1999）认为产权和市场结构都会对公司效率产生显著影响，但当采用不同的绩效指标时，产权效应略微更加稳定。但是，Ambrose（1990）等研究认为，

[①] 此处把公司治理论相关内容归为产权论。樊纲（1995）、张承耀（1995）、张春霖（1995）、张维迎（1995）等产权论者基于现代产权理论认为，国有产权终极所有权人缺位，导致代理成本居高、控制权和剩余索取权不对称，从而无法实施有效的激励机制。因此国有企业改革方向是股权多元化或彻底民营化，进而优化公司治理结构和治理机制，提升企业绩效。

仅依靠产权改革而不能形成有效产品竞争，会导致彻底民营化的企业利用垄断优势阻碍市场竞争，反而恶化了企业绩效。

另一方面，研究表明市场竞争改善了国有企业绩效。Yarrow（1986）认为，市场结构比产权改革能给企业绩效带来更大的影响，因此，虽然民营企业在监督管理者方面更有优势，但竞争和监管的环境是激励管理者更为重要的因素。Li（1997）发现企业效率提升主要依赖于市场的自由化程度。胡一帆等（2005）认为产品市场竞争对于改善国有企业生产率具有重大作用。郑世林（2010）以1998—2007年地区面板数据为基础进行研究，发现竞争对电信业绩效具有显著正效应，产权影响并不显著。周阳敏和赵亚莉（2019）实证检验发现关系资本和政治资本在制度环境对企业绩效的影响中起部分中介作用。

对于产权因素和竞争因素两者的关系，虽然究竟谁对于提升企业绩效更重要一直存在研究结论的分歧，但是分歧主要是基于绩效指标差异、行业背景差异等因素。企业绩效的提升不是依赖单一因素能够改善的，在实际经济运行中需要多种影响机制共同发挥作用。Zinnes et al.（2001）运用1990—1998年25个转型国家私有化转型的重要经验，认为对于国有企业改革而言，所有权变革与制度变革同样重要。Li et al.（2004）研究认为，产权和竞争之前存在互补关系，对提高企业绩效均有影响。胡一帆等（2005）研究认为，现有的产权论和竞争论的观点都有其片面性，应该对产权理论、治理理论和竞争理论与企业绩效关系的研究进行全面综合分析。

2.2.2 消极型监督者股权交易流动性与企业绩效关系的文献综述

消极型监督，即收购（即外部人纯粹出于投机动机而获取企业现有资产价值的信息）的社会成本和收益。消极型监督者收集投机型信息，这类信息仅是对过去绩效的测量，对企业未来决策没有直接影响的信息，因此只是消极型（非干涉型）监督，用于采取退出和进入策略来奖惩管理层过去的行为。流动性强、交易活跃的二级股票市场价格不断在提供现有资产价值的信息，实际上也在不断的提供管理层行为对投资回报的影响的信息，能够使着眼于长期的股东受益。

消极型监督的投机性股东持有股权的交易流动性给企业绩效带来了一系列影响。

第一，股权交易流动性有利于加强大股东监督进而改善企业绩效。关于流动性提高是否有利于公司治理这一命题，有两种不同的理论。Coffee（1991）

等认为，流动性提高使得股东可以比较容易地退出公司，管理层和第一大股东共同利用内部信息，一方面使得管理层获取公司控制权，另一方面使得大股东可以自由退出公司，进而侵害中小股东利益，因而流动性提高不利于公司治理，被称为"流动性的隐性成本"。而以 Maug（1998）为代表的学者认为，随着流动性上升，投资者买卖股票形成的价格冲击逐步减小，掌握信息的大股东更容易低价购买股票并获利，此时大股东更有动力积极监督公司并搜集信息。同时，Edmans & Manso（2011）等学者认为，退出本身可以作为公司治理机制，大股东的监督和退出威胁有效降低了分散股权带来的搭便车问题。从我国国有企业角度而言，基于监管审批等原因，大股东自由退出公司的难度较大，投机型股东即消极型监督者持有股权交易流动性上升使得国有股东更有动力实施资产重组，有利于强化监督和提高绩效。米增渝和林雅婷（2018）的研究实证结果显示，股票流动性的上升通过改善公司治理对公司价值产生显著正向影响。

第二，股权交易流动性有利于提高机构投资者的参与积极性进而改善企业绩效。Kahn & Winton（1998）研究发现，流动性越高，股票价格的信息含量越高，机构投资者更难通过内部信息交易获得收益。积极参与影响公司所带来的收益和通过内部信息获得的收益比较，前者越高，越能使得机构投资者回归监督和规范公司治理的轨道，从而有利于企业绩效提升。王洪亮（2009）实证检验了上述结论。马超（2015）的研究实证结果显示，机构投资者持股比例与股票流动性水平呈"U型"关系，机构投资者持股比例上升到一定水平后能显著提升股票流动性水平。Edmans et al.（2011）研究美国对冲基金发现，流动性的增加能够同时增大股东利用话语权以及退出机制进行监督的可能性，退出的威胁也能强化股东对于经理人的监督，从而显著提升公司价值。

第三，股权交易流动性有利于优化管理层薪酬结构进而改善企业绩效。Holmstrom & Tirole（1993）、Khanna & Sonti（2004）、Edmans（2009）以及 Adamati & Pfleiderer（2009）研究认为，对于实施股权激励企业的管理层而言，管理层股权报酬与企业业绩高度挂钩。股票流动性上升后，股票价格更能体现出公司的基本面和管理层行为，管理层如果采取不利于公司价值的行为，股东用脚投票带来股票价格下降，管理层股权薪酬减少，从而使得企业管理层规范自身行为，降低股东和经营层代理成本。

第四，股权交易流动性有利于优化资本和股权结构进而改善企业绩效。Lipson & Mortal（2009）、杨刚等（2019）、谢获宝和黄大禹（2020）研究发现流动性较强的公司杠杆通常较低，更倾向于采取股权融资。流动性越高，越能在资本市场表现出良好形象，拥有更低的资金成本，进而提高企业绩效。

第五，股权交易流动性有利于降低外部并购市场交易成本进而改善企业绩效。Amihud（2002）以及 Pastor & Stambaugh（2003）等使用多种指标进行实证研究均发现，股票流动性与预期收益率成负相关。Amihud & Mendelson（1986）认为交易成本是影响投资者决策的重要因素，流动性高的股票投资者预期回报率低，相应也降低了预期交易成本。

第六，股权交易流动性有利于提高股权价格信息进而改善企业绩效。Holmstrom & Tirole（1993）、侯智杰等（2019）研究发现，流动性的增强提升了企业信息的边际价值，中小股民更有动力搜集、加工并利用公司信息进行交易，提高股价信息含量。Polk & Sapienza（2008）认为流动性好的股权以及富含信息的股价能够为经营层提供更多企业未来发展、行业前景、市场竞争实力等信息，有利于优化投资决策；同时有利于规范企业信息披露，弱化信息不对称，形成更好的外部股东监督。

综上，股权交易流动性提高，股权价值（股票价格）更能反映企业基本面和经营者行为，进而有利于提高大股东监督积极性并强化股东退出威胁，优化管理层薪酬契约并减少管理层机会主义行为，更能弱化信息不对称，在资本市场反映出良好形象，从而拥有更低的资金成本和更好的公司绩效。

2.2.3 积极型监督者股权交易流动与企业绩效关系的文献综述

积极型监督，即对公司控制权有重要影响的战略型的核心股东，通过股权交易流动形成有效的股权集中结构和股权制衡机制，积极管理企业管理层的道德风险问题。大股东持股通常缺乏流动性（让·梯若尔，2007）。第一，大股东受监管或者协议约定，这些政策要求或者协议会限制大股东交易或者激励大股东监督企业。长期投资者有更强的动力去监督和干涉企业决策。第二，大股东通常也不易进行股份交易，因为不知情的中小股民会担心大股东是因为提前了解了关于企业前景的不利消息，进而使得股权折价。

1. 产权改革对国有企业绩效的影响

第一，公司化改革方面。1993年，我国出台了《公司法》，启动了促进全民所有制企业向公司转型的公司化改革，要求完善公司治理结构，建立现代企业制度。Aivazian et al.（2005）实证研究了我国国有企业公司化改革对企业绩效的影响，发现公司化改革显著提高了公司的盈利能力和生产效率，而且时间越长，绩效越有改善。

第二，股权多元化（混合所有制）和公开发行股份上市方面。国内外学者通常将国有企业股东将其持有的国有企业股权出售给民营企业、引入其他类型股权的过程称为"民营化"。研究发现在我国 20 世纪 90 年代"抓大放小"的改革过程中，民营化可以显著提高企业的绩效和效率，改革总体富有成效（姚洋，1998；刘小玄，2004；宋立刚、姚洋，2005；胡一帆等，2006；白重恩等，2006；Rous seau & Xiao，2007）。姚洋（1998）就非国有经济对中国工业企业技术效率的影响进行实证研究，发现非国有企业效率高于国有企业。Sun & Tong（2003）对民营化发行上市企业数据进行研究发现，民营化发行之后国有企业的利润和产出有了一定的提高，但国有股比例过高可能是业绩改善有限的重要原因。胡一帆等（2006）研究发现，民营化提高了销售收入，降低了企业成本，企业盈利能力和生产率大幅提高，同时并没有带来大规模的失业问题。Jefferson & Su（2006）考察发现，1996—2001 年间，我国非上市国有企业向股份制企业转变提高了企业绩效。李广子和刘力（2010）利用中国剔除资产重组影响后的上市公司民营化样本研究发现，民营化后上市公司绩效得到改善，与未发生控制权转让的配对国有上市公司样本相比，民营化能够更加有效地改善上市公司绩效。李丹和李金波（2019）实证研究认为，资产证券化可以使国有企业的盈利能力有所提升，但对其经营绩效的提升效果并不显著。周志强和徐新宇（2020）实证研究认为，民营企业所有权参与度和控制权参与度均对国有企业绩效产生显著正向影响。

2. 股权制衡对公司绩效的影响

随着管资本导向下基于流动性的国有企业资本运营的推进，多元股权结构的混合所有制国有企业不再"一股独大"，控股股东也难以再搞"一言堂"完全控制企业。这种股权结构的公司治理问题就由股东与管理层之间的委托—代理问题，演变为控股股东与其他多个大股东之间的制衡关系（Jensen et al.，1976）。"股权制衡"是指在公司中至少有两个大股东共享控制权，多个控制性大股东通过内部利益牵制，使得任何一个大股东都无法单独控制企业（Gomes et al.，2001），从而互相监督、抑制控股股东对小股东的利益侵害行为（Pagano & Roell，1998）。理论和实证文献中关于股权制衡特征的研究集中在股东持股量差异（股权集中度）以及股东性质差别对公司绩效的影响。

股权制衡普遍存在。La Porta & Lopez-de-Silanes（1999）提出，如果公司不止一个股东持有超过 10% 的投票权，这个公司就被定义为存在股权制衡，这些持股超过 10% 的股东被定义为"大股东",这种定义被广泛应用。La Porta & Lopez-de-Silanes（1999）、Laeven & Levine（2004）研究表明,40% 的企业是一个控股股东的股权安排模式,33% 的企业拥有两个或两个以上大股东。Gomes & Novaes（2001）发现 57.20% 的规模以上美国非上市公司中有一个以上的大股东。

股权制衡对公司的影响比较复杂,最终影响则取决于多种影响因素权衡的结果。股权制衡产生有利经济效果。首先,在不完全信息下大股东之间讨价还价,"谈判效应"使得大股东很难同意负现金流项目,可以阻止经理人做出符合控股股东的利益而损害其他股东利益的决定（Gomes et al., 2001）,阻止控股股东通过"掏空"获利（Attig et al., 2008; Boateng et al., 2017）。其次,共享控制权的"权益效应"使得大股东可以在更大程度上将企业价值内部化,减少控制权私人收益,有利于增加企业价值（Shleifer & Vishny, 1986; Bennedsen et al., 2000; Barroso Casado et al., 2016）。最后,从代理成本和监督成本角度,拥有较大股权的大股东出于对自身利益的考虑,即使监督收益高于成本,仍然要实施监督。特别是对于股东和管理层代理问题严重的国有企业,基于国有控股股东监督约束弱化,多股制衡是比"一股独大"更好的股权结构,国有企业要建立合理制衡的股权结构（黄淑和,2014）。从实证方面也证明了股权制衡有利于改善公司治理,提高公司绩效和价值（陈信元等,2004;白重恩等,2005;张玮婷等,2015;朱德胜、张菲菲,2016）,一个有制衡力度的第二大股东在一定程度上可以限制第一大股东的利益侵害,起到明显的制衡作用,在控制权市场发挥积极作用,从而优化公司治理结构,增强企业的盈利能力（La Porta & Lopez-de-Silanes, 1999; Lehman & Weigand, 2000; Volpin, 2002）;只有当第二大股东持股数与第一大股东持股数相差很小时,大股东之间股权分布才会越均衡,企业价值也会随着第二大股东持股数的增加而上升（Laeven & Levine, 2004; Maury & Pajuste, 2005;刘运国、高亚男,2007;陈德萍、陈永胜,2011）。部分研究结果显示,股权制衡与公司绩效呈非线性关系,黄渝祥等（2003）研究发现,当股权制衡度取值在 2.13~3.09 时,股权制衡的效果最好,这与阮素梅等（2014）的"倒 U 型"关系研究结论类似。陈乾坤等（2015）研究发现,企业绩效与股权制衡度之间呈"倒 N 型"的三次曲线关系。杨萱（2019）研究认为,混合股权的制衡提高了企业绩效。

股权制衡的产生不利于经济效果。首先,由于存在多个大股东,各股东对投资项目评价可能有差异,"分歧效应"使得很难通过谈判达成共识,一些好的投资项目被放弃，导致投资不足或者业务瘫痪（Gomes & Vovaes，2001）；其次，合谋动机使得控股股东和其他股东形成合谋联盟，获取企业控股权，侵占其他小股东利益；最后，从代理成本和监督成本角度，对管理层的监督活动对于股东而言是一种"公共品"，大股东之间存在"搭便车"现象，最终造成监督不力。从实证角度来看，股权制衡不利于公司绩效提升（赵景文、于增彪，2005；孙兆斌，2006；徐莉萍等，2006；隋静，2016）。从案例角度来看，股权制衡模式若不能有效权衡二者之间的股权关系，就会直接导致控制权纷争（郝云宏等，2015），制衡股东难以发挥作用（朱红军、汪辉，2004），从而引发治理效率缺失。

3. 股权集中度对公司绩效的影响

第一大股东，即控股股东在公司中发挥重要作用，主要影响有两方面：一方面是有利影响。控股股东有足够的投票权和动力监督经营层，促进企业效率提升。控股股东在很多情况下会发挥"支持效应"，即控股股东愿意利用自身的资源和资金支持企业发展，惠及公司和全体股东。另一方面也存在不利影响。控股股东凭借较高的控股权，有能力侵占公司的资源或谋取其他中小股东无法获得的私人利益，形成"掏空效应"，比如通过证券回购和利用资产转移定价进行内部交易等方式，Johnson et al.（1997）称之为"隧道效应"。综合两种影响，抑制"掏空效应"，对控股股东加以约束和监督；同时促进支持效应，保证与控股地位相适应的控制力，适度的股权集中度更有利于企业绩效（Friedman et al.，1999）。张文魁（2014）根据让·梯若尔（2007）的研究推理构建积极型监督者，同时提出如果积极型监督者持有企业全部股份，过度监督会打击管理层积极性，不利于企业发展。刘汉民（2018）研究认为，降低前五大股东中国有股占比有利于提高企业绩效，但过多提高非国有股占比不会提高企业绩效。成琼文和曹雅雯（2019年）以资源型上市公司为研究对象，实证检验得出股权集中度与公司绩效成正相关。近年来，诸多实证研究分析均提出混合所有制企业的股权集中度与公司绩效呈"倒U型"关系（钱红光、刘岩，2019）。

4. 不同性质股东制衡与企业绩效

股东制衡或合谋的决策在很大程度上受大股东性质影响（Denis et al.，2003；Cheng et al.，2013）。如果第二大股东与第一大股东身份不同，将可能减少共谋和勾结，降低资本成本（Attig & El Ghoul，2013），并改善公司治理，提高公司绩效。如果股东关系紧密，就更容易通过合谋来掠夺其他股东的利益（Maury & Pajuste，2005）。控股股东性质不同、第二大股东作为制衡股东性质不同，则制衡效果存在差异，进而影响公司绩效（刘星等，2007），其中法人股和证券投资基金作为第二大股东，能够起到更好的监督作用（陈信元等，2004；李忠海等，2011）。钱红光和刘岩（2019）实证检验得出混合所有制企业的公司绩效显著优于非混合所有制企业。

混合所有制企业中相互制衡股东的性质主要有国有股东和非国有股东。不同性质的股东具有不同的特征，对企业绩效也有不同的影响。一是国有股东。M. Firedman（1962）就指责过国有企业效率问题。世界银行大量调查研究也提出国有企业存在机制僵化、效率低下等弊端。国有股东表现出过度的行政干预特征，严重抑制了管理层的积极性和创新性，给公司绩效带来一定的负面作用（许小年，1997、1999；陈晓、江东，2000）；国有股权比例与公司绩效呈"U型"关系（Sun et al.，2002）。然而，国有股东常常出于特殊投资目的的考虑，又会给予一些贷款、资金、政策扶持等，使这些公司具有竞争优势，从而表现出良好的业绩（徐莉萍等，2006）。韩沚清和许多（2019）实证检验发现，国有持股占比水平对企业绩效的影响具有两面性，即呈"U型"相关；而通过提高股权牵制制衡度和股权聚集度可以直接提高企业绩效。二是非国有股东。非国有股东有着更强的盈利能力，在经营上更具灵活性，对高级管理层能给予更多的激励约束，企业价值更高（徐晓东、陈小悦，2003），也具有较高的技术效率（姚洋，1998）。非国有股权对公司绩效有显著的正向影响，且不同性质的非国有股权对公司绩效的影响存在显著差异（杨萱，2019）。面对控股股东的利益侵占，不同性质的制衡股东更有可能制衡控股股东的侵占行为，监督动机可能会超过合谋动机，从而提升企业绩效。

综上，管资本导向下基于流动性的国有企业资本运营把国家投入国有企业整体资产转化为可拆分的国有资本，并积极引入各类社会资本。张晖明和陆军芳（2013）认为国有企业资本化有利于增强国有资本流动性。国有企业的股权从不可交易变为可交易，从低流动性转变为高流动性。按照公司金融经验，国有股东及相关大股东持股通常缺乏流动性，但是通过股权交易流动形成有效的股权集中结构和股权制衡机制，引入积极监督者，有利于解决企业管理层的道德风险问题，进而改善企业绩效。

2.2.4 市场竞争环境与管资本导向下基于流动性的国有企业资本运营关系的文献综述

Zinnes et al.(2001)研究 1990—1998 年 25 个国家的转型经验后认为，对于国有企业改革而言，制度变革与所有权变革同样重要。在建立和完善法律规章制度（相关股东权利保护、银行业务健全、债权人保护、破产委员会、资本市场监督以及商业法规执行等）以及基本的市场竞争制度和市场规则体系下，实施产权改革才能提高经济绩效。同时由于不同国家和地区经济绩效初始状态不同，同一政策在不同国家产生的经济成效也不相同，因此改革政策的制定要根据国家和地区的制度环境和转型阶段来决定。地区制度环境包括一个国家或地区的政府干预、市场竞争、法制环境、宗教水平和信用体系等多个方面（陈冬华、齐祥芹，2010）。由于我国各地区制度和市场基础差异巨大，在转轨期间由于地方分权化改革使得同一政策在不同地区的执行情况和效果也不相同；各地区经济发展水平有差异，市场化水平也不同。Boubakri et al.（2005）考察了 32 个发展中国家 230 个国有企业的改革样本，发现宏观经济因素对企业绩效具有显著影响。当宏观经济发展处于上升趋势，贸易自由化程度和金融自由化程度较高，政府对企业的控制越宽松、产权保护程度越高，国有企业产权改革的绩效越好。

1. 地区管资本政策与管资本导向下基于流动性的国有企业资本运营

2013 年十八届三中全会后，国家陆续出台深化国有企业改革、国有资产监督管理体制、国有企业功能界定和分类、国有资产交易、公司治理结构、中央企业公司制改制等一系列改革文件，从不同侧重点提出以管企业为主向以管资本为主转变的具体要求。从管企业到管资本，是从对国有企业管人、管事、管资产的微观干预式管理，到对国有资本管配置、管治理、管回报的资本价值式管理的转变。其中，在以管资本为主转换国有资本监管职能方面，本轮深化国有企业改革更注重顶层设计，系统出台政策文件体系，同时涉及中央和地方、政府和企业等不同利益相关方，基于各种利益考量和地区改革背景条件，各地对政策的推进程度存在差异，一方面表现在地方政策的系统性差异，另一方面还表现在政策文件的落地水平参差不齐（文宗瑜，2018）。理论和实证证明，管资本的国有企业改革方向有利于改善国有企业绩效（Zinnes et al.，2001；陈清泰，2015、2016），企业所有制监督和控制企业管理者的法规和制度框架对于国有企业改革十分重要。管资本的政策制定和执行方面较弱的地区，国有企业资本运营程度和绩效水平也难以获得较大提升。

2. 地区市场化环境与管资本导向下基于流动性的国有企业资本运营

各地区市场化水平差异显著，就区域而言，东部沿海省份与其他省份的市场化水平差异显著（樊纲，2007）。Ramamurti（2000）通过理论分析考察发现，当政府推行市场化政策时更可能推动民营化。混合股权制衡对公司绩效的影响在中央和地方国有企业呈现不同效应，对市场化进程相对较慢的地区的影响更加明显（杨萱，2019）。

第一，地方政府对经济的干预程度影响管资本导向下基于流动性的国有企业资本运营。政府的干预影响国有企业资本运营产权效率。各地政府由于受地方政治目标和条件约束，选择对不同产权资本进行不同程度的干预。市场化程度越低的地区，基于地区财政和就业诉求，更易于对国有企业实施过多的行政干预（Boycko et al.，1996），将其社会性负担转嫁至企业，导致企业承担更多与利润无关的目标（樊纲，2007）。企业预算约束的硬化和市场自由化程度与国有企业产权改革实施程度成正相关（Guo & Yao，2005）。其中，国有企业存在相当的政策性负担，从而产生逆向选择和软预算约束问题，导致效率低下（林毅夫等，1997）。资本运营深度不足，也难获得可持续发展的动力，进而显著影响企业绩效可持续提升。

第二，产品市场竞争程度影响管资本导向下基于流动性的国有企业资本运营。产品市场竞争激励经营者并发挥评价和监督作用，进而提升国有企业绩效（Lin et al.，1998；Yarrow，1986）。产品市场竞争程度越低的地区，由于区域性贸易保护以及不发达的经理人市场，更倾向于对国有企业行政任命缺乏市场经营管理能力的经理人。然而在改革转型经济中，过于激烈的竞争可能给国有企业绩效带来负面影响。Blanchard & Kremer（1997）研究发现，在制度不完善的环境中，竞争使得违约行为更加频繁。Ickes et al.（1995）认为，过度竞争特别是国外企业和产品带来的竞争会破坏社会资本网络，并不利于企业绩效改善。

第三，要素市场发展水平影响管资本导向下基于流动性的国有企业资本运营。资本市场越成熟，企业绩效越好（Mitton，2006）。资本市场及金融市场竞争程度越低的地区，信贷资金更难获取回报高、风险小的项目，因此转而倾向于政策性兜底项目，以实现债务破产风险软约束。地区金融自由化程度越高，金融市场发展水平越好，国有资本运营的渠道越多，接触程度越高，实施难度越低（Boubakri et al., 2005）。

3. 地区经济环境与管资本导向下基于流动性的国有企业资本运营

地区宏观经济环境主要有两方面的影响。第一，地区宏观经济发展水平影响国有企业资本运营。我国各地区之间的自然、人文、经济条件差异较大（Sylvie et al., 2002），各地区的经济发展水平差异也很大，而地方保护主义也会对产业的区域集中产生影响（白重恩等，2004），地方之间的竞争还会影响国有企业的产权改革进程（朱恒鹏，2004）。Li et al.（2000）发现，中国地区之间的竞争促使各个地区不断降低生产成本，进而推动了国有企业的产权改革过程。地区经济为企业生存和发展提供了良好的外部环境，地方政府和企业更愿意提高资产资本化率，积极推动股权多元化和上市工作。第二，对外开放度影响国有企业资本运营。目前，中国已成为吸引外资最多的发展中经济体，外贸、外资活动在我国经济中占有重要地位。对外开放给国有企业带来了新的市场机会，也带来了更大的市场竞争压力。对外贸易对中国有企业业的效率有提升作用（余淼杰，2010）。企业生产经营过程中的进口行为有助于提升绩效（陈勇兵等，2012）。引入外资企业一方面引入了先进管理技术和经验，另一方面也提高了市场竞争压力，特别是国外企业和产品带来的竞争，不利于企业绩效改善（Ickes et al., 1995）。对外开放程度较低的地区更缺乏市场机会和竞争意识，表现出较弱的管资本导向下基于流动性的国有企业资本运营趋势。

4. 地区产业结构与管资本导向下基于流动性的国有企业资本运营

随着经济体制改革的逐步深入以及政府对市场管制的不断放松，国有企业面临越来越大的国内市场竞争压力。本书主观上将一些需要大量资本投入的重工业和化学工业[①]界定为重化工业。基于历史原因，国有企业大部分都分布于重化工业，而中国过去十几年一直以投资拉动经济增长，这对于大多将优势资源布局在重化工业的国有企业而言更为有利（张文魁，2014）。但是，越来越多的国有企业涉足处于非重化工业的竞争行业。Li（2003）基于江苏和浙江两省乡镇企业民营化调查问卷进行实证检验发现，当企业所处的行业竞争越激烈，民营化的可能性越大。因此，行业之间的竞争一定程度影响着国有企业引

---

① 其中包括煤炭开采和洗选业，石油和天然气开采业，黑色金属矿采选业，有色金属矿采选业，非金属矿采选业，其他采矿业，石油加工、炼焦及核燃料加工业，化学原料及化学制品制造业，化学纤维制造业，黑色金属冶炼及压延加工业，有色金属冶炼及压延加工业，通用设备制造业，专用设备制造业，交通运输设备制造业，电气机械及器材制造业，电力、热力的生产和供应。

入其他多元股东及资本市场参与企业资本运营的深度,行业竞争越激烈,越能激发外部股东参与企业资本运营,促进资本运营深度的提升。产业结构的调整也会造成企业生产效率的变化(王德文等,2004)。同时,处于垄断行业时国有企业利润会更好,过度竞争反而不利于企业绩效的改善。混合股权制衡对公司绩效的影响在中央和地方国有企业中呈现不同效应,相较于垄断性行业而言,对竞争性行业的影响更为显著(杨萱,2019)。

3 流动性、资本运营与国有企业绩效的理论框架

3.1 流动性与国有企业资本运营

3.1.1 流动性是管资本导向下基于流动性的国有企业资本运营的本质

虽然在现有政策话语体系中，国有资产和国有资本经常混用，但二者间存在本质差异。理解资产和资本、国有资产和国有资本之间的差异，对于理解管资本导向下基于流动性的国有企业资本运营的理论内涵和政策内涵至关重要。现有文献从不同视角对它们的差异进行了大量研究，包括但不限于以下三条传统。

第一条传统基于会计学或财务学的视角，将资本理解为所有者权益或股东享有的财产权利，即所有者投入企业的资金及其经营积累，资本反映在企业资产负债表的右下部分；将资产理解为企业资金运用的结果，资产反映在企业资产负债表的左边部分（罗华伟、干胜道，2014）。由这一传统，基于股东的权利延伸出国有资本管理从本质上讲属于国家以所有者身份进行的财务管理，立足于财务管理的理论，对国家管资本中国有资本运营、监督和管理体系的建设进行探讨，形成了一大批理论成果[①]。

第二条传统基于金融学或投资学的视角，将资本理解为对企业未来预期收益的折现值，如股票市值（Riahi-Belkaoui，2004；陈志武，2007），与主要按

[①] 会计学中虽然也有资本化的概念，但其内涵是对费用的资本化处理，即符合条件的相关费用支出不计入当期损益，而是计入相关资产成本。显然，这一概念与"管资本"和国有企业资本化的概念相去甚远。

历史交易成本计量的资产相区别。这个意义上的资本运营就是一种基于未来收益进行融资的融资手段，比如发行股票上市和资产证券化。沿着这一传统，管资本导向下基于流动性的国有企业资本运营被简单理解为国有企业融资，特别是上市融资及发行资产证券化产品融资。

第三条传统则是基于流动性的视角，将国有资本视为流动性相对较强的价值形态的国有资产实现形式，与一般意义上以实体企业作为实现形式的国有资产相区别（陈清泰，2013、2016、2018；赵昌文，2013；李荣融、李金波，2020）[①]。资产是物质形态的，资本则是价值形态的，资本的转让可以独立于企业的日常经营，形态的差异直接导致两者之间的流动性差异。

提升（产权交易）流动性是管资本导向下基于流动性的国有企业资本运营的本质，这既与公司金融理论强调股权流动性影响企业绩效的观点（让·梯若尔，2007；张文魁，2014）相契合，也符合国有企业改革的相关实践[②]。沿着这一思路，本书认为，管资本导向下基于流动性的国有企业资本运营就是国有资产实现形式的转化过程，从产权不具有流动性的全民所有制企业转变为股权可交易的公司制企业，从国有独资公司转变为含有各类所有制性质的股权多元化公司，从低流动性非上市公司转变为高流动性上市公司，（产权交易）流动性不断提升的过程，其本质是流动性的赋予和解放。换言之，只要相关国有企业改革发展措施有助于提升国有企业（产权交易）流动性，就可以将其理解为管资本导向下基于流动性的国有企业资本运营或国有企业资本运营程度的提升。

3.1.2 国有企业产权具备交易流动性的前提

国有企业产权具备流动性的前提是国有企业产权具有可交易性，即资本源的产权被明确界定、能被买卖，最好能以产权契约的形式自由买卖（陈志武，2007）。在全民所有制企业阶段，国有企业的资产可以在有限范围内交易，但是企业所有权因为属于全民所有，是不可以交易的。随着公司制改造的推进，改造为公司的国有企业产权具备了可交易性。2003年十六届三中全会提出建

---

① 赵昌文（2013）将国有企业资本化定义为，将国有企业所拥有的实物形态的资产转换为国有公司的股权，实现国有产权结构由单一走向多元，国家从拥有、管理和控制国有企业，转向拥有、经营和运作国有资本。

② 2017年中共中央办公厅、国务院办公厅印发《关于创新政府配置资源方式的指导意见》，明确提出建立健全国有资本形态转换机制，以提高国有资本流动性为目标，积极推动经营性国有资产证券化。

立归属清晰、权责明确、契约严格、流转顺畅的现代产权制度。归属清晰是进行产权确权，股东（包括国有股东）依据投入企业的资本金额确定出资人所有权，同时企业拥有所有出资者（包括国有股东）投资形成的全部法人财产权。权责明确是划分责权利，实现所有权和经营权彻底分离，建立股东、董事会、监事会和经理人之间相互制衡的公司治理机制。契约严格是以契约形式约定产权界限及权责，并依法对产权进行保护。流转顺畅是国有产权可以依据产权交易规则有序流转。国有产权达到上述四点要求就依法具备了可交易性。

国有企业产权具备可交易性后，其流动性还受到交易场所的影响。对于非上市类国有企业而言，所有国有产权转让、增资等原则上都需要在产权交易所交易①。国有产权交易按照产权交易所交易规则，依序确定进场交易参与方的资格条件，在交易所网站公开披露信息公告（含转让方确定的交易低价），对符合条件的意向受让方组织竞价。产权交易所还是一个比较封闭的体系。在时间维度流动性方面，国有产权交易一般有20~40天的公示期，整个交易时间较长，通常不少于一个月。在空间维度流动性方面，由于信息披露渠道相对狭窄、产权交易所受关注度较低，加之交易标的不能拆细，潜在交易方有限。国有企业在证券交易所上市后，则可按照交易所规则进行国有股权交易。从时间维度上，证券交易市场上的国有产权交易即时完成，交易速度快，交易定价公开公允；从空间维度上，信息披露渠道市场全面公开，交易参与方广泛。

从这个意义上讲，管资本导向下基于流动性的国有企业资本运营也是现代企业制度建设、国有产权交易市场培育的过程。

3.1.3 国有企业的产权进行交易流动的限制

《中共中央关于全面深化改革若干重大问题的决定》（2013）确定混合所有制经济是我国基本经济制度的重要实现形式，意味着兼具集体资本、非公有资本以及国有资本等形式的混合所有制经济已成为我国下一阶段国有企业改革的基本方向。在渐进式转轨背景下，国有企业通过产权交易流动引入非国有资本不是一步到位，而是一个逐步优化的过程，过程中受到诸多自身和国家战略布局要求的限制。

---

① 涉及主业处于关系国家安全、国民经济命脉的重要行业和关键领域企业的重组整合，对受让方有特殊要求，企业产权需要在国有及国有控股企业之间转让的，以及重组参与方属于同一实际控制人的情况，可以采用不进场的非公开协议交易方式。

国有企业自身是否具备进一步产权交易流动的条件。按照 Shleifer & Vishny（1997）、Becht et al.（2002）对公司金融理论及公司治理的定义，公司金融核心是研究如何保证公司的内部人能够可信地向外部投资者支付回报，从而吸引外部融资。按照该理论，国有企业可以通过规范内部管理提升企业效益回报股东，从而通过产权交易吸引外部融资。而在实践中，全民所有制企业通过公司化改革建立基本的法人治理结构，进一步转变政企关系，完成治理机制的转型，成为独立市场主体；股权多元化的国有企业应明确国有产权交易规则，规范内部治理，提升国有企业绩效，通过引入战略投资者或公开发行股票上市，撬动和吸引社会资本。国有企业自身是否具备促进产权进一步交易流动的条件，影响着管资本导向下基于流动性的国有企业资本运营进程。

国有企业的国有产权交易要以保值增值为目标。在以实物资产管理为主的模式下，国有资本的投资方向不能迅速调整变化。国有企业实物形态的资产流动性很低，资产定价机制和交易系统不健全。长期以来，为了降低国有资产流失风险，尽可能地减少了资产的大量流动，从而使得国有资本布局转换缓慢。国有企业进行资本化处理以后，企业法人关注对企业财产权的控制，国有股东关注对国有股权所有权的控制。如果企业经营得好，企业价值有提升预期，国有股东才可以在当期或者未来进行转让，获得流动性增值。否则，股权低价交易或者无法按照国家要求达到调整资本布局的战略目的，会对国有企业的经营者形成一种约束机制。

国有企业的国有产权交易流动程度需要服从国家经济布局战略。基于国有资本的公共性、控制性、引导性的属性，国有资本的流向、流量和结构的调整都要服从和有利于推动国家宏观经济调控。在管资本的国有企业改革背景下，国务院国资委明确提出公益类国有企业以保障民生、提供公共产品和服务为主要经营目标，以国有独资形式运行为主；拥有充分竞争实力的商业类国有企业要加强国有产权交易流动，引入其他社会资本；主业处于国家安全以及国家经济运转极其重要、影响我国经济的重点行业和关联领域的国有企业要保证国有资本的控股地位，引入非国有资本参股；处于自然垄断行业的商业类国有企业应适当引进其他国有资本。因此，国家政策支持国有企业的国有产权交易流动，但是要根据国有企业所处行业选择不同的交易流动程度。

3.1.4　国有企业的产权交易流动性的度量

在金融学文献中，流动性主要是指金融资产在金融市场上的流动性，即资产在特定时间内完成交易时所需的成本或寻找一个合理价格所需的时间（Amihud & Mendelson, 1989; Brunnermeier & Pedersen, 2009），反映的是市场参与者以合理价格迅速达成交易的能力（Lippman & McCall, 1986）。Liu（2006）、Hasbrouck（2009）进一步总结了刻画流动性的三个维度：交易成本、交易速度和价格冲击。其中，交易成本就是完成交易所需要的成本，通常以交易价格偏离合理价格或市场公允价值的幅度来衡量，偏离度越高，交易成本越高，流动性越弱。交易速度反映的是按合理价格成交所需要的时间，所需要时间越短，交易速度越快，流动性越强。价格冲击则是指交易对市场价格的冲击，冲击幅度越小，流动性越强。这三个维度的流动性实际上都可以概括为时间维度上的流动性。交易成本很大程度上取决于对交易速度的要求，对达成交易的时间要求越快，交易成本通常也越高。同时，价格冲击就是交易成本的反映，是交易成本在交易价格上的反映。

金融资产流动性或时间维度流动性的概念，完全适用于国有企业的产权交易流动性。本书用在特定时间内国有产权按公允价值交易的难易程度，或实际交易价格偏离公允价值的幅度来度量国有企业产权交易流动性。国有产权成交价格偏离公允价值幅度越小，达成交易时间越短，交易对价格冲击越小，则流动性越强。

与一般性金融资产不同，除时间维度流动性外，国有企业的产权交易流动性还包括空间维度流动性，即国有企业的股权在不同所有制类型、不同区域股东之间交易的便利度。对交易自由的限制越多，交易对手准入门槛越高，流动性越低。国有资本空间维度流动性可用国有企业产权潜在交易方的数量来度量。当然，空间维度的流动性和时间维度的流动性密切关联。空间维度流动性的提升通常也有助于增强时间维度流动性，对交易方的限制越少，交易参与方的数量越多，多元化特征越明显，就越容易以公允价格完成转让交易。按公允价格交易所花时间越短，流动性也越高。

值得强调的是，空间维度流动性对于全面理解管资本导向下基于流动性的国有企业资本运营至关重要。引入空间维度流动性后，我们更容易跳出将国有企业资本运营等同于国有企业上市的误区，将国有企业公司化改制、国有企业股权多元化（混合所有制改革）等纳入管资本导向下基于流动性的国有企业资本运营的理论范畴。这些国有企业改革方式对流动性提升的贡献主要体现为增加潜在交易主体，提升空间维度流动性。

3.2 管资本导向下基于流动性的国有企业资本运营的三种类型

提升流动性是国有企业资本运营的核心。根据国有企业资本运营流动性的高低,可将管资本导向下基于流动性的国有企业资本运营分为三种类型:(全民所有制国有企业)公司化、(公司制国有企业)股权多元化、(股权多元化国有企业)证券化。

从国有企业的产权交易流动的空间和时间维度来看,(全民所有制国有企业)公司化过程中,国有产权由不可交易变为可交易,跨出产权交易流动从零到一的步伐;(公司制国有企业)股权多元化过程中,国有企业产权通过产权交易所按规定时间进行挂牌交易,拓宽国有股权潜在交易主体的范围和数量,国有产权交易流动的空间和时间维度得到提升;(股权多元化国有企业)证券化过程中,国有企业产权在证券交易所公开交易,极大地拓展了国有股权潜在交易方的范围和数量,而且交易速度大幅提升。因此,证券化后的国有资本流动性更高,股权多元化次之,公司化最低。

从适用性看,则是公司化最高,所有国有企业都需要公司化;股权多元化次之,国有企业股权多元化特别是混合所有制改革还面临国有资产流失风险、产权保护不足等现实障碍;证券化最低,很多企业达不到上市的要求,同时上市给企业带来的附加义务,如全面持续的信息披露,使得部分国有企业即便达到上市标准也可能不适于上市。(见图3-1)。

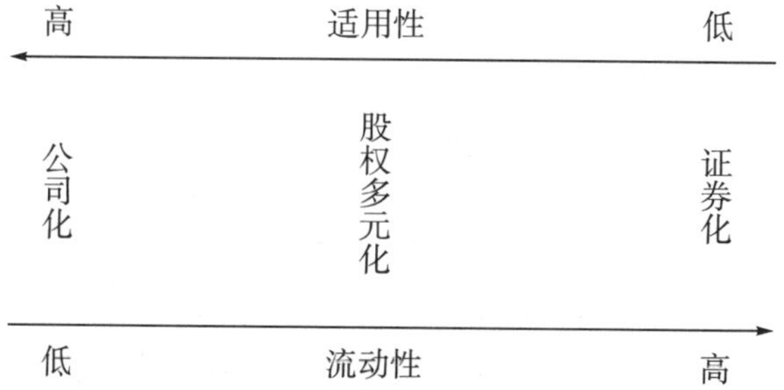

图3-1 管资本导向下基于流动性的国有企业资本运营层次

3.2.1 (全民所有制国有企业)公司化

全民所有制国有企业公司化是管资本导向下基于流动性的国有企业资本运

营的基础层次，就是把遵循《全民所有制工业企业法》运营的全民所有制国有企业改制为遵循《公司法》运行的公司，就是将国有企业从企业法规范变轨到公司法调节（陈清泰，2017）。全民所有制企业的财产属于全民所有，隶属于政府行政管理，报请政府审核设立和运营，可以出租或者转让企业的资产，但是企业产权变更一般通过行政划拨而不能转让交易。就公司而言，股东依据出资额来确定股权比例，形成现代公司治理结构和机制，并享有公司经营收益，公司股权也可以依法进行转让。公司化后，国有企业与政府的关系就从行政隶属关系转变为股权关系（陈清泰，2016）。更为重要的是，公司化使得国有产权持有者从直接持有难以分割的整体资产转为持有可分割的同质性的股权，奠定了国有资本流动的基础。可以说，公司化或国有企业由全民所有制企业改制为公司制企业，对于流动性提升的主要贡献就在于使得国有产权由不可交易变成可交易。

国有企业公司化在国有企业资本运营中具有基础性地位，是股权多元化和证券化等更高层次管资本导向下基于流动性的国有企业资本运营的前提，对各种类型的国有企业均适用，既适用于商业类国有企业，也适用于公益类国有企业。由于绝大部分国有企业在过去数十年的国有企业改革中已完成公司化，国有企业公司化改革已不是当前国有企业资本运营的主要任务。不过，国有企业公司化改革任务并未完全完成，不少中央企业的母公司仍是全民所有制企业，地方公用事业类中小国有企业中也有不少全民所有制企业。

3.2.2 （公司制国有企业股权）多元化

国有企业股权多元化是管资本导向下基于流动性的国有企业资本运营的中间层次，是改变国有企业单一的股权结构，形成多元股权结构的过程。国有企业股权多元化不仅包括国有股东层面的股权多元化，还包括国有股东与非国有股东间的股权多元化。其中，混合所有制就是国有股东与非国有股东间的股权多元化。混合所有制改革后，国有资本和非国有资本（如私营资本、外商资本）等不同所有制属性的投资主体交叉持股。国有企业股权多元化对于流动性提升的主要贡献在于扩宽国有股权潜在交易主体的范围和数量，增强国有资本的空间维度流动性。

根据对空间维度流动性或潜在交易主体范围和数量的提升幅度，可以将股权多元化细分为四类：国有独资公司改革为多个国有股东的国有企业；国有独资公司改革为国有控股非国有参股公司；降低国有控股公司国有控股比例；国有独资公司和国有控股（国有参股和非国有参股）公司改革为非国有控股（国有参股）公司。此外，公司包括有限责任公司和股份有限公司两类。其中，股份有限公司是比有限责任公司更具流动性的一种组织形式，股份有限公司可以拥有更多股东主体，资本划分为等额股份更具有广泛性、公允性，转让股份也不受其他股东限制。国有企业由有限责任公司改制为股份有限公司，拓宽了国有资本的空间维度流动性，也是股权多元化或管资本导向下基于流动性的国有企业资本运营的重要类型。

商业类国有企业股权多元化特别是混合所有制改革是当前商业类管资本导向下基于流动性的国有企业资本运营的重点任务。根据中共中央、国务院2015年发布的《关于深化国有企业改革的指导意见》，大部分国有企业都需要进行股权多元化甚至混合所有制改革（见表3-1）。比如，针对主业处于充分竞争行业和领域的商业类国有企业，要求积极引入其他国有资本或各类非国有资本，实施股权多元化（即推行混合所有制改革）；对于主业关系国家安全和国民经济命脉的商业类国有企业，也要求在维护国有控股的前提下引入非国有资本（即推行混合所有制改革）；特殊的要求国有全资的重要领域，也要引入各类国有资本（即国有股东层面上的股权多元化）。同时，对于混合所有制企业，还要求探索员工持股。不过，国有企业股权多元化特别是混合所有制改革还面临国有资产流失、产权保护不足等现实障碍。

表3-1 不同类型国有企业股权多元化

	分类	股权结构	考核重点	举例
商业类国有企业	主业处于充分竞争行业和领域	实行公司制股份制改革，积极引入其他国有资本或各类非国有资本实施股权多元化，国有资本可以绝对控股、相对控股，也可以参股	考核经营业绩指标、国有资产保值增值和市场竞争能力	制造业、商业、服务业
	主业关系国家安全、国民经济命脉的重要行业和关键领域、主要承担重大专项任务	保证国有控股地位，支持国有资本参股。其中，自然垄断行业放开竞争性业务，对需要实行国有全资的企业，也要积极引入其他国有资本实行股权多元化	考核经营业绩指标和国有资产保值增值情况的同时，加强对服务国家战略、保障国家安全和国民经济运行、发展前瞻性战略性产业以及完成特殊任务的考核	燃气、自来水、铁路交通、水利基础设施建设

续表3-1

分类	股权结构	考核重点	举例
公益类国有企业	可以采取国有独资形式，具备条件的可以推行投资主体多元化，鼓励非国有企业参与经营	根据企业的不同特点有区别地考核经营业绩指标和国有资产保值增值情况，考核中引入社会评价	电网、中储粮

3.2.3 （股权多元化国有企业）证券化

国有企业证券化是管资本导向下基于流动性的国有企业资本运营的最高层次，是股份有限公司形式的国有企业在证券交易所公开发行证券（股票）并上市，国有企业由非上市公司变为上市公司的过程。可以将国有企业证券化理解为一种更加灵活、更加彻底、范围更广泛的国有资本与其他所有制资本结合的路径，有利于形成更加多元化、公众化、社会化的混合所有制形式。国有企业证券化对流动性有全方位、飞跃性的提升。空间维度流动性方面，由于是公开发行股票上市并进行拆细、集中交易，国有企业证券化极大地拓展了国有上市公司股票潜在交易方的范围和数量，只要是能投资股票市场的投资者，均可以成为潜在交易方。时间维度流动性方面，由于股票市场是最具市场深度的公开性权益市场，参与者众多、股票高度标准化且随时有市场价格作为交易参照，加之企业运营相对规范、信息披露相对充分、股票交易受到严格监管，股票买卖双方信任度较高，国有上市公司股票的交易成本大幅下降，交易速度大幅提升。

从适用性上看，国有企业证券化最低。一方面，企业上市具有较高的门槛[①]，尽管大多数国有企业都有上市诉求，但只有财务绩效表现突出，国有企业才能达到证券化的层次。另一方面，上市给企业带来的附加义务，如全面持续的信息披露使得企业即便达到上市标准也可能不适于上市。尽管如此，国有企业证券化在管资本导向下基于流动性的国有企业资本运营中仍占据极其重要的地位。中共中央、国务院2015年发布的《关于深化国有企业改革的指导意见》，就重点针对主业处于充分竞争行业和领域的国有企业，提出要创造条件实现集团整体上市的要求。上市或证券化后的国有企业按照资本市场的要求和

---

① 比如，主体资格存续三年以上、具有稳定性；公司治理规范运行；公司资产质量良好，资产负债结构合理，盈利能力较强，现金流量正常。

规则运作，流动性较强，国有资本进退非常容易，为下一步改革和结构调整打下基础（邵宁，2011）。

3.2.4 管资本导向下基于流动性的国有企业资本运营度量

我国国有资产规模总量较大，经过一系列的公司化、股权多元化和证券化改革，部分资产逐步依托资产市场整合重组实现资本化，但仍存在大量资产沉淀在效益不好、产能过剩或存在复杂历史遗留问题的领域，难以改制、重组、盘活，流动性不强。管资本导向下基于流动性的国有企业资本运营就是通过各种资本运营手段、依托资本市场，将国有资产（实物资产、自然资源的所有权或使用权）转化为可量化、可分割的、多元化的国有资本，释放资本流动性的潜力。提高国有资本流动性的关键在于国有资产变为可交易、可流动的国有资本，通过资本流动性提升价值，进而发挥产业结构调整和国有资本影响力、控制力和带动力的作用。

国有资产资本化率就是依托资本市场而实现国有资产转化为国有资本的比率，一定程度上反映了国有资本形态转换的效率（文宗瑜，2018）。国有资产管理从管资产向管资本转变，必然依赖国有资产资本化率的不断提高，专业化运作使得更多国有资产转化为可交易、可流动的国有资本。通过管资本导向下基于流动性的国有企业资本运营，资本化率越高，国有资产管理由管资产向管资本转变的程度和管理水平越高，国有资本配置的手段越灵活，国有资本更具备促进国有资本布局及结构调整、支持产业市场化升级的前提条件，国有资本的价值经营效率越好。在新一轮国有企业改革过程中，提高国有资产资本化率，即提高国有资本流动性，为进一步提升国有资本微观运行效率，实现宏观政策性功能创造条件。参考文宗瑜（2018）国有资产资本化率指标的量化方式，本书使用国有企业的资产净值当中交易性、转让性、可变现性高的资产占总资产（或宏观经济总产值）的比例，即国有企业资本化率来度量管资本导向下基于流动性的国有企业资本运营程度。

就具有交易性的国有资本而言，国有资本参与的上市公司大多经历了公司化、股权多元化（混合所有制）以及公开发行股票上市证券化历程，在这一资本运营过程中，国有资产和其他所有制资本有效结合，形成一种更加多元化、公众化、社会化的企业形态。国有股东持有的国有股权依托资本市场将国有资产转化为可以在资本市场自由交易的、股权交易流动性较高的国有资本。因此，国有股东持有的上市公司国有股权是国有资产中交易性、转让性和可变现性最高的资产，是流动性较高的国有资本。本书使用国有股东持有的上市公司股权价值占国有企业资产总额比例来度量针对个别企业的资产证券化率，同时参考资本市场惯例用于衡量地区资本市场发展水平的"资产证券化率"，即国有股东持有上市股权价值与衡量地区国民经济发展状况的国内生产总值（GDP）的比例，来度量针对地区宏观经济的国有资产证券化率水平。

3.3 管资本导向下基于流动性的资本运营对国有企业绩效的影响机制

驱动管资本导向下基于流动性的国有企业资本运营的关键因素在于资本运营可以经由产权效应、治理效应、竞争效应、松绑效应和再配置效应等渠道提升国有企业绩效和国有资本回报水平。

3.3.1 产权效应

产权效应，主要体现在管资本导向下基于流动性的国有企业资本运营或国有资本流动性的提升可以优化国有企业的产权结构，进而提升企业绩效。产权结构是影响企业绩效的主要因素之一，国有企业低效率一定程度上可以归因于产权结构不合理或国有股权比重过高带来的委托代理问题和效率损失（刘小玄、李利英，2005；聂辉华，2008），改善国有企业产权结构有助于建立有效的激励机制和经营者选择机制（张维迎，2010），从而有助于提升企业绩效（李广子、刘力，2010；徐明东、田素华，2013）。

国有资本或私有资本各自为主导的市场经济体制，都存在不同角度的发展矛盾和瓶颈。假如传统的国有资本与私有资本能够更均等地组合与分配资本所创造的财富，就可以找到公共资本和私人资本之间的良好平衡。根据我国国有企业产权结构存在的主要问题，一方面，要防止大股东侵犯中小股东的合法权益；另一方面，要根据不同行业和领域确定国有股权的比重，坚持"有进有退""有所为，有所不为"的方针，结合国有经济的战略性调整优化国有企业的产权结构。我国已经形成国有经济部门和非公经济部门并存的"双系统"的微观经济结构（余菁，2014）。股权多元化和混合所有制改革通过大量引入非国有股东将国有独资企业改造为国有控股、国有参股企业，在社会主义市场经济中形成了富有活力的微观主体（吴敬琏等，1997），为在多元化、市场化的经济环境下，有效实现公共资本和私人资本"双系统"协同高效发展，提供现实的组织载体及操作路径。

基于流动性的资本运营有利于优化企业产权结构，提升国有企业绩效。在未实现资本运营或资本运营程度低的情况下，由于缺乏定价基准或存在准入限制，包括国有资本在内的社会资本投资购买国有产权或国有股权的难度较大，优化国有企业股权结构的难度也较大。管资本导向下基于流动性的国有企业资本运营后，流动性的提升可以大大降低潜在交易方的投资国有企业股权的门槛，增强其投资意愿，从而使国有企业完善股权结构。在国有企业实施股权多元化和混合所有制的过程中，国有资本需要在专业化金融机构的协助下重新进行估值定价，确定重组交易结构，并通过公开产权交易市场进行交易。这一过程会进一步降低资产的专用性，为后续资本再重组、再交易降低交易成本，提升资本的流动性。交易市场的公开性及信息披露的规范性使得信息对称程度大幅提升，混合所有制效率提高。基于民营资本对于资本和企业绩效的强烈诉求，而国有资本往往自身运行效率低（刘小玄，2000）。以混合所有制为主的股权多元化结构通过一系列的制衡博弈，推动国有企业专心于经营效率和经济绩效的提升，国有和民营资本发挥各自的效率优势，共同参与企业决策，资本由国有部门向非国有部门流动，提高资本的配置与利用效率以及企业运行效率，国有企业劳动生产率得以改善，经济效益上取得显著绩效（胡一帆等，2006；白重恩等，2006；Guo et al.，2008）。

3.3.2 治理效应

治理效应，即管资本导向下基于流动性的国有企业资本运营或国有资本流动性的提升可以提升国有企业治理效率，进而提升企业绩效。公司治理也是影响企业绩效的关键因素之一（Jensen & Meckling，1976；Williamson，1985；Grossman & Hart，1986；张维迎，1995）。公司治理的完善对于国有企业绩效改善十分重要。国有企业资本化后，流动性的提升可以通过改善内部治理结构和外部治理环境（魏明海、柳建华，2007；武常岐、钱婷，2011），从多方面提升治理效率。比如，对于股权多元化层次的资本运营，便可以通过发挥股东制衡机制来提升治理效率。又如，对于证券化层次的资本运营，流动性的大幅提升使得原有股东退出渠道顺畅，同时降低了控制权收购的难度，可以通过发挥资本市场的外部公司治理机制来提升治理效率。再如，证券化后，业绩考核标准可以更集中于财务回报或股价水平，从而有利于优化激励约束机制，提升治理效率。

基于流动性的资本运营有利于改善公司治理，提升国有企业绩效。一是治理结构优化。国家所有权机构不再直接管控国有企业，反而逐渐过渡为以股东的方式，按照投资份额拥有企业股权，行使股东的权利。股东大会、董事会、经营层的依次授权规则真正实现了所有权和经营权两权彻底分离。国有股东的权利应严格根据《公司法》和公司章程，按照股权份额享有股权收益，参与股东大会决定企业的发展方向，根据股权比例确定向企业派出董事参与董事会。董事会确定企业重大的战略性决策，按照经营目标以市场化原则选聘经营层、构建激励约束机制等。企业作为独立主体，按照股东大会、董事会规则进行重大事项的审议和决策，通过企业的自主决策和独立运转实现企业绩效的改善（吴敬琏等，1997；白重恩，2005）。二是治理机制完善。国有股东更加专注于国有资本投资回报率的提高。如果企业经营得好，企业价值有提升预期，所有者就可以在当期或者未来进行转让，获得流动性增值。国有企业为了更好地实现经营目标，构建激励约束机制，建立了与企业经营业绩或者监管责任相关的薪酬制度和长期激励机制。员工持股是从股权结构层面使得经营者利益与股东利益挂钩的有效手段。形成内部审计、内部考核完善内部约束机制，同时形成国有企业职业经理市场相关的外部约束机制。三是股权制衡机制有效发挥。股权多元化特别是混合所有制的股权结构下，国有企业行政型治理模式，即经营目标行政化、资源配置行政化、高管任命行政化为特征的模式及民营企业依靠市场配置资源为特征的市场化治理模式，在企业微观层面存在协同发展的难度。混合所有制企业应逐步协调两种治理模式的权利冲突，不同资本制衡博弈有利于发挥其他股东对控股股东的制衡作用，从而提高公司治理水平（白重恩，2005）。在控股国有股东监管有限的情况下，多元股东，特别是民营股东的制衡对于改善公司治理非常重要（郝云宏、汪茜，2015）。对于控股国有股东具有制衡能力的制衡性股东，特别当制衡性的股东是民营资本时，更具有强烈的资本逐利诉求，会要求参与公司决策，企业决策的科学化程度和民主性水平提升，形成有效的内部治理机制，从而加强监督，降低公司代理成本，防止控股股东通过"掏空"获利，并在外部治理制度不完善时起到弥补作用（Pagano & Rell，1998；Attig et al.，2008；Boateng & Huang，2017）。尤其是对于国有上市公司，由于中小股东更容易通过信息披露等机制掌握企业治理水平，迅速做出市场反应，国有控股上市公司迫于资本市场和监督机构的双重监督和评价压力，必须尽可能地改善公司治理结构和机制，增强市场信心。

3.3.3 竞争效应

竞争效应，即管资本导向下基于流动性的国有企业资本运营或国有资本流动性的提升有利于增强市场竞争，从而提升国有企业绩效。对于提升国有企业绩效而言，营造一个竞争性的市场环境可能比所有制意义上的产权改革更为重要（林毅夫等，1997）。国有企业资本化后，流动性的提升和国有资本有进有退，使得国有资本不再与特定国有企业相联系，这一方面有利于减轻政策性负担，另一方面也有利于消除对特定国有企业的各类隐性担保，推动不同所有制企业之间竞争性的实现。与此同时，在管资本导向下基于流动性的国有企业资本运营的基础上，政府应站在整体社会经济发展的角度履行政府的宏观调控职责，从更加公平客观的角度出发履行自身的市场监督义务，从而提升包括国有企业绩效在内的整体社会经济绩效（陈清泰，2015）。

基于流动性的资本运营有利于创造公平竞争环境，提升国有企业绩效。国有股东更加关注如何提高国有资本的流动性和价值性，政府站在整体社会经济发展的角度履行宏观调控职责，所有性质企业按照市场化原则公平享有税收、金融政策、人力资源政策等，强化有效竞争，有利于国有企业长期绩效能力的提升。

3.3.4 松绑效应

松绑效应，即管资本导向下基于流动性的国有企业资本运营或国有资本流动性的提升有助于推动政企分开，从而提升国有企业绩效。政府可以通过调节国有资本在不同行业、不同企业之间的配置来实现其战略目标，而非直接将国有企业作为政策工具来实现其意图。对于国有企业而言，这有助于理顺政企关系，提升自身独立性，将国有企业培育为真正合格的市场主体，从而提升企业绩效。

一般来说，企业在朝着资本运营发展的过程中，必须将去行政化作为主要目标。国有资本在发展过程中能够在遵守国家法律法规的前提下有进有退，融入配置资源的战略目标（李涛，2002）。从运营的角度来分析，股权多元化的实施能够直观鲜明地反映出资本的性质及其自身所具备的各方面信息。国有企业顺应市场的变化，建立健全企业的产权制度，将有利于推动我国的股权多元化进程，促进资源配置的进一步优化。

3.3.5　再配置效应

再配置效应，即管资本导向下基于流动性的国有企业资本运营或国有资本流动性的提升推动国有资本配置结构优化，从而提升国有企业整体绩效。国有企业绩效与其所处行业、行业所处生命周期相关。若行业进入衰退期，则该行业的国有企业绩效将受到很大影响。管资本导向下基于流动性的国有企业资本运营提升了国有资本流动性，可以使国有资本根据经济发展阶段的变化以及行业所处生命周期的演变而进行动态调整，从而提升国有资本宏观配置效率和国有资本的回报水平。国有资本回报的提升，在微观层面就反映为国有资本所投企业或国有企业绩效的提升。

根据不同行业和领域确定国有股的比重，坚持有进有退、有所为有所不为的方针，结合国有经济的战略性调整优化国有企业的产权结构。在以实物资产管理为主的模式下，国有资本的投资方向不能迅速调整变化。国有企业实物形态的资产流动性较低，资产定价机制和交易系统不够健全，不可避免地存在资产流失的风险。长期以来，国有经济为了降低流失风险，尽可能地减少资产的大量流动，使得国有资本布局转换缓慢。管资本导向下基于流动性的国有企业资本运营后，国有股东根据国家战略转型要求和自身需求通过资本流动谋求资本投资回报，实现国有资本宏观布局的合理调整。以国有钢铁企业为例，一方面，企业从自身实际情况和未来发展前景的角度出发，制定了宏观的战略目标，不断拓展整体的生产规模；另一方面，国有资本按照国家战略转型的需要从部分钢铁企业中调整出来，转而对战略性新兴产业给予更多的投资。国有股东、国有投资运营机构按照所有权和经营权分离规律阶段性持有股权，有进有退优化国有经济布局（陈清泰，2012）。

上述影响机制对企业绩效的影响是，实现了国有经济与市场经济的有效结合，国有企业通过市场而不是行政力量来转型改制。公司化、股权多元化和证券化，通过进一步提升企业独立性、规范公司治理结构、完善治理机制等提升微观层面国有企业绩效水平。公司制和股份制改革加快形成有效制衡的公司法人治理与灵活高效的市场化经营机制，这是国有企业改革整体向前推进的基础举措（肖亚庆，2017）。在原有改革基础上进一步推进混合所有制改革，把混合所有制改革作为国有企业改革的重要途径，取得显著性效果（肖亚庆，2018）。国有资本依托证券市场自由交易流动，在运动中实现微观国有企业绩效和整体国有经济价值提升。

4 消极型监督者的股权交易流动与国有企业绩效关系的实证研究

4.1 研究的问题

国有企业的资产和资本的显著差异在于流动性，但是关于流动性与资本运营以及与企业绩效关系的研究不多。从流动性角度，资本市场关于流动性和投资者持有资产定价和资产收益之间关系的论证起步较早，研究也较为丰富。现有文献很少直接从公司金融角度论证股权交易流动性和企业绩效关系，近年来逐步开始有文献关注股权交易流动性对公司的财务行为的影响。早期关于流动性的文献主要集中于股票流动性的资产定价相关内容，比如以 Amihud & Mendlson（1986）、Amihud（2002）为代表的资产定价理论。大多数研究认为股票流动性有助于优化 CEO 薪酬契约并强化外部监督，从而优化公司治理，比如 Adamati & Pfleiderer（2009）、Edmans（2009）发现股票流动性的提高有助于增加大股东退出威胁；Jayaraman & Milbourn（2011）发现管理层薪酬股价敏感性与股票流动性成显著正相关等。其他研究还包括 Lipson & Mortal（2009）研究流动性与资本结构等。

从我国国有企业角度而言，由于监管审批等原因，积极型监督者（长期核心股东）自由退出公司的难度较大。因此，本书研究国有企业资本运营的消极型监督者（投机型股东）股权交易流动性对企业绩效的影响及其作用机制，并进一步研究其影响机制，验证了管资本导向下基于流动性的国有企业资本运营过程中股权交易流动性的提升影响企业绩效的机制，为提升我国国有企业资本运营与股权交易流动性提供理论和实证支持。

4.2 研究假设和研究设计

4.2.1 研究假设

股权交易流动性提高，股权价值（股票价格）就更能反映企业基本面和经营者行为（Polk & Sapienza，2008），进而有利于提高大股东监督积极性并强化股东退出威胁（Kyle & Vila，1991；Maug，1998；Edmans & Manso，2011），优化 CEO 薪酬契约并减少 CEO 机会主义行为（Holmstrom & Tirole，1993；Khanna & Sonti，2004；Adamati & Pfleiderer，2009；Edmans，2009），在资本市场反映出良好形象，从而拥有更低的资金成本（Lipson & Mortal，2009）及更高的公司绩效。

管资本导向下基于流动性的国有企业资本运营，在国有企业产权具备了可交易性后，后续通过公司化、股权多元化、上市证券化等形式进行产权结构的优化调整。大量参与国有企业资本运营改革的消极型监督者（投机型股东）通过持有股权交易流动性的提升促进大股东强化监督和提升企业绩效。

假设 4-1：股权交易流动性和企业绩效成正相关，即股权交易流动性越强，企业绩效越好。

股权交易流动性 ⟶ 企业绩效

图 4-1 国有股权交易流动性和企业绩效关系

4.2.2 数据来源和样本选择

在证券交易所公开发行股票并上市交易的公司，从时间维度流动性来看，国有股权可以较容易、以较快时间按照公允价值交易；从空间维度流动性来看，对交易自由的限制相对规范，交易对手准入门槛相对较低，交易参与方的数量多，多元特征较明显，是国有股权中具有较强流动性的一种形式。本书以 2006—2017 年 A 股国有资本控股和重要参股（上市公司第一或第二大股东是国有企业）的上市公司为研究样本，剔除金融类、净资产为负以及 ST 的公司，并剔除部分数据缺失的样本，最后得到 8263 个观测值。数据来源为 CSMAR 深圳国泰安数据库以及聚宽金融终端数据库，其中部分数据为通过在上述数据库获取上市公司董事长和总经理简历后手动整理获得。

4.2.3 变量定义

1. 股权交易流动性指标的测度与自变量设定

股权交易流动性是市场以合理价格交易资产的能力，Hasbrouck（2009）等进一步将流动性总结为三个维度。考虑交易数据的可得性，本书使用以下两种方法衡量股权交易流动性：

（1）日均换手率（TOVER）。

$$TOVER_{it} = \frac{1}{D_{it}} \sum_{d=1}^{D_{it}} \left(\frac{VOL_{itd}}{LNS_{itd}} \right) \quad (4-1)$$

其中，VOL_{itd} 为股票 i 于 t 年第 d 天的成交数量，LNS_{itd} 为股票 i 于 t 年第 d 天的流通股数，D_{it} 为股票 i 于 t 年的总交易天数。

（2）非流动性指标（ILLIQ）。

$$ILLIQ_{it} = \frac{1}{D_{it}} \sum_{d=1}^{D_{it}} \left(\frac{|r_{itd}|}{V_{itd}} \right) \times 100 \quad (4-2)$$

其中，r_{itd} 和 V_{itd} 分别为股票 i 于 t 年第 d 天的投资回报率和交易金额；D 为当年总交易天数；$|r_{itd}|/V_{itd}$ 为每百万元成交额所引起的价格变化，取年平均值并乘以 100 后即得到非流动性指标（ILLIQ）。ILLIQ 越高，单位成交金额对价格的冲击就越大，股票交易流动性越低。

2. 公司绩效指标的测度与因变量设定

本书主要从技术效率（Technical Efficiency，TE）和财务效益两个维度来分析公司绩效。效率指标的核心是投入产出比，也就是说以一定投入获得最大产出，或者以最小投入获得一定产出的企业都可被视为最有效率的。技术效率与生产性边界之间有一定的关系，可用以测度企业生产的工作效率。财务效益是从出资人角度来考虑的，主要考察企业的盈利能力，二者之间既有区别，也有联系。通常来说，在其他条件相同的情况下，效率高的企业盈利能力也强，而盈利能力强的企业效率也较高。但是，也存在多种可能使得这两类指标相背离。

（1）技术效率测度和变量设定。

我们选择超越对数型柯布—道格拉斯生产函数形式，并使用 Battese & Coelli（1992）模型对各样本的技术效率（TE）进行估计，通过最大似然估计得到各个投入因素对效率相对影响的大小以及效率值。经过对数变换后的估计模型为：

$$TE = f(income, assets, staff) + v^k - u^k \qquad (4-3)$$
$$v^k \sim N(0, \sigma_v^2), u^k \sim N(0, \sigma_u^2), k = 1, 2, \cdots, K$$

其中 v 代表生产过程的随机因素和投入产出变量的测量误差，独立同分布，它反映了生产前沿面本身的随机变化，其影响因素是外生的；u 表示技术非效率程度（也称为效率残差），独立同分布且服从正态截断分布，它反映了公司与生产前沿面之间的差距，其影响因素包括努力程度和工作意愿等生产过程中的可控因素。为了分析的简化，假设 u 和 v 服从正态分布，且互相独立。

我们对样本中 2006—2017 年的数据进行效率估算。考虑到本书的分析需要，我们选择固定资产净额（$assets$）和员工人数（$staff$）作为资本与劳动的投入变量，以营业收入（$income$）和营业利润（$profit$）作为产出变量。就产出变量而言，国内外研究者比较倾向于使用营业收入作为产出变量，因为它能较全面地反映企业业务整体效率；同时，我们还将采用营业利润指标作为另一个产出变量进行分析。这是因为，营业利润能有效避免企业由于大进大出而产生的销售收入过高，进而导致效率估计偏差；同时营业利润又不至于常常为负值（因为负值取自然对数是没有意义的），从而保证样本的有效观测值规模。因此，综合来看，营业利润也是一个比较合适的产出变量（He & Chen, 2006）。另外，对于营业利润出现负值的极个别观测值，我们均给其自然对数赋值 0.1，以尽可能保留观测值的其他信息。同时，Battese & Coelli（1995）的随机前沿生产函数模型中提出了环境因素对公司技术效率的影响假设，所有公司拥有相同的技术并且环境因素仅会影响公司与最优生产前沿面之间的距离。这里根据所要研究的问题，我们选择公司规模（$Size$），公司期末总资产的自然对数；现金流（$Cash$），公司购买商品、接受劳务支付的现金的自然对数作为环境因素变量来分析其对于效率的影响。

（2）财务效益测度和变量设定。

本书从出资人角度选择出资人财务指标考察企业的盈利能力，通过周转企业资产获得最大利润率的企业被认为绩效最好，本书采用资产收益率（净利润/总资产），记作 ROA，衡量每单位资产创造多少净利润值。

3. 中介效应变量

第一，产权结构指标。本书用第一至第十大股东持股量的集中度（$Cstr_{1-10}$）反映股权结构机制和企业控制市场机制。

第二，公司治理指标。委托代理理论重点在于回答：企业的股东如何确保管理者努力实现股东利益最大化？常规的公司治理包括内部机制（如董事会、股权结构、高管人员薪酬、信息披露制度和透明度等），以及外部机制（如外部并购市场、市场竞争、法律制度、中小股东保护机制等）。Ang et al. (2000) 指出销售管理费用很大程度上反映了高管可自由支配的费用，特别是管理层可能利用广告和销售费用掩饰在职消费支出，因此本书使用管理费用率（$Mcost$）来衡量代理成本。

第三，市场竞争指标。富含信息的股价能够为经营层提供更多外部投资人、产品市场需求和行业未来发展信息，反映出市场认可的企业的竞争实力。本书用股价信息含量（SPI）衡量市场竞争指标。首先，对个股收益率$r_{it,w}$进行分解，其中，$r_{it,w}$为第t年股票i的周收益率，$r_{mt,w}$和$r_{jt,w}$分别为市场指数和公司i所属行业j的周收益率，$\varepsilon_{it,w}$为残差。

$$r_{it,w} = \alpha_{it} + \beta_{it} \times r_{mt,w} + \gamma_{it} \times r_{jt,w} + \varepsilon_{it,w} \quad (4-4)$$

其次，回归方程的拟合优度（R_{it}^2）代表市场冲击对股票i收益率变动的影响，$1-R_{it}^2$则代表公司相关特性的信息对股票i收益率影响的变动率。最后用方程（4-5）估算股价信息含量（SPI）。

$$SPI_{it} = \ln[(1-R_{it}^2)/R_{it}^2] \quad (4-5)$$

第四，政企关系指标。本书用虚拟变量$Polit$衡量政企关联情况，如果上市公司董事长或总经理是前任或者现任政府官员（考虑处级以上职位）、人大代表、政协委员等，则认为该企业存在政治关联，用1表示；如果董事长或总经理均无政治关联，则认为企业不存在政治关联，用0表示。

第五，资源再配置指标。用债务成本（$Debtcost$），即财务费用占短期和长期债务的比率表示。

变量定义归纳总结见表4-1。

表4-1 变量定义

变量类型	变量名	变量符号	变量定义
因变量	技术效率	TE	使用Battese & Coelli (1992) 模型对各样本的技术效率进行估计
	资产收益率	ROA	ROA=净利润/总资产

续表4-1

变量类型	变量名	变量符号	变量定义
自变量	日均换手率	TOVER	$TOVER_{it} = \frac{1}{D_{it}} \sum_{d=1}^{D_{it}} \left(\frac{VOL_{itd}}{LNS_{itd}} \right)$
	非流动性指标	ILLIQ	$ILLIQ_{it} = \frac{1}{D_{it}} \sum_{d=1}^{D_{it}} \left(\frac{|r_{itd}|}{V_{itd}} \right) \times 100$
控制变量	公司规模	$Size$	公司期末总资产的自然对数
	公司年限	Age	观测年度减去公司成立年度
	现金流	$Cash$	公司购买商品、接受劳务支付现金的自然对数
中介效应变量	第一至第十大股东持股量的集中度	$Cstr_{1-10}$	$Cstr_{1-10}=$前十大股东持股数/总股本
	管理费用率	$Mcost$	$Mcost=$管理费用/营业收入
	股价信息含量	SPI	$SPI_{it} = \ln[(1-R_{it}^2)/R_{it}^2]$
	政治关联指标	$Polit$	如果上市公司董事长或总经理是前任或者现任政府官员（只考虑处级以上职位）、人大代表、政协委员等，则认为该企业存在政治关联，$Polit=1$；如果董事长或总经理均无政治关联，则认为企业不存在政治关联，$Polit=0$
	资源再配置指标	$Debtcost$	$Debtcost=$财务费用/（流动负债+长期负债）

4.2.4 模型的设定

本书因变量为技术效率（TE）和资产收益率（ROA），自变量中主要有股权交易流动性指标，同时还引入了一系列控制变量对这种影响因素加以控制（变量定义见表4-1）。采用回归方程（4-6）对样本中2006—2017年的数据进行公司绩效估算，利用这些实证结果具体探讨股权交易流动性的提升是否有利于企业高效率地配置资源，进而提高公司绩效。

$$Y_{it} = \beta_0 + \sum_{k=1}^{K} \beta_k X_{kit} + \sum_{j=1}^{J} \beta_j Control_{jit} + \lambda_t + \varepsilon_{it} \quad (4-6)$$

其中，因变量Y_{it}是公司技术效率（TE）和资产收益率（ROA），自变量X_{kit}分别是流动性指标$TOVER_{it}$、$ILLIQ_{it}$，$Control_{jit}$是控制变量指标，λ_t是时间固定效应，ε_{it}是随机误差项；k是自变量个数，j是控制变量个数，i为公司个数；t 为年份。

4.3 实证结果与分析

4.3.1 主要变量描述性统计

表 4-2 报告了样本主要变量的描述性统计结果。因变量公司技术效率（TE）平均为 21.16，总资产收益率（ROA）平均为 3.90%。自变量中，反映流动性交易速度的指标日均换手率（$TOVER$）平均为 3.0%，反映流动性交易价格冲击的非流动性指标（$ILLIQ$）平均为 0.09。中介效应变量中，反映公司产权结构的指标第一至第十大股东持股量的集中度（$Cstr_{1-10}$）均值是 16.40%，反映公司治理机制代理成本的管理费用率（$Mcost$）均值是 0.09，反映公司市场竞争机制的股价信息含量（SPI）均值是 0.51，反映公司政企关系的政治关联指标（$Polit$）均值是 0.16，反映公司资源再配置指标的债务成本（$Debtcost$）均值是 0.17。控制变量公司规模（$Size$）均值为 21.89，公司年限（Age）均值是 21，现金流（$Cash$）均值为 20.77。

表 4-2 主要变量的描述性统计结果

变量	样本量（个）	均值	标准差	最小值	最大值
TE	8263	21.155	1.552	9.044	28.689
ROA	8263	0.039	0.042	−0.053	0.122
$TOVER$	8263	0.032	0.023	0.006	0.092
$ILLIQ$	8263	0.086	0.099	0.007	0.390
$Mcost$	8263	0.093	0.062	0.019	0.255
$Cstr_{1-10}$	8263	0.164	0.884	15.035	18.278
SPI	8263	0.509	0.193	0.000	1.000
$Polit$	8263	0.155	0.362	0.000	1.000
$Debtcost$	8263	0.171	0.119	−0.037	0.437
$Size$	8263	21.890	1.174	20.113	24.381
Age	8263	20.838	4.858	11.383	28.974
$Cash$	8263	20.767	1.484	18.152	23.722

4.3.2 股权交易流动性对公司绩效的回归结果及分析

表 4-3 显示了 2006—2017 年面板数据股权交易流动性对公司绩效的回归模型的估计结果。其中，因变量是公司技术效率（TE）和资产收益率（ROA），自变量分别是流动性指标 $TOVER$、$ILLIQ$。由表 4-3 的回归结果可以看出，使用技术效率（TE）指标衡量流动性时，$TOVER$ 的系数估计值在 1% 置信水平下显著为正，$ILLIQ$ 的系数估计值在 1% 置信水平下显著为负，说明流动性越高，公司技术效率指标越好。$TOVER$ 和 $ILLIQ$ 各自每增加 1 个百分点，公司 TE 就分别提高 1.13% 和降低 1.95%。使用 ROA 指标衡量流动性时，$TOVER$ 的系数估计值在 1% 置信水平下显著为正，$ILLIQ$ 的系数估计值在 1% 置信水平下显著为负，说明流动性越高，公司财务指标越好。$TOVER$ 和 $ILLIQ$ 各自每增加 1 个百分点，公司 ROA 就分别提高 2.99% 和降低 11.45%。这一结论支持了 Kyle & Vila（1991）、Maug（1998）、Edmans & Manso（2011）为代表的股权理论。

表 4-3 股权交易流动性与公司绩效的回归结果

变量	TE		ROA	
$TOVER$	0.764*** (4.36)		0.054*** (4.15)	
$ILLIQ$		−0.305*** (−7.25)		−0.048*** (−15.191)
$Size$	0.981*** (287.67)	0.998*** (280.31)	−0.0002 (−1.010)	−0.002*** (−9.240)
Age	0.006*** (7.23)	−0.006*** (7.81)	−0.001*** (−18.000)	−0.001*** (−18.490)
$Cash$	−0.003** (−2.612)	−0.002 (−1.913)	−0.004*** (−6.721)	−0.003*** (−4.231)
_cons	−0.133 (−1.690)	−0.573*** (−7.180)	0.065*** (11.090)	0.118*** (19.970)
N	8263	8263	8263	8263
R^2	0.018	0.019	0.005	0.013

注："***"表示在 1% 的置信水平下显著。

4.3.3 稳健性检验

鉴于公司绩效与股票流动性之间可能存在双向因果关系，为减轻内生性问题的影响，本书使用滞后两期的流动性估计方程，发现上述结论不变。

稳健性检验结果见表 4-4。

表 4-4 稳健性检验结果

变量	TE		ROA	
TOVER	0.116*** (6.92)		0.095*** (7.260)	
ILLIQ		−0.035*** (−8.629)		−0.050*** (−15.730)
Size	0.355*** (681.700)	0.357*** (663.778)	−0.000 (−0.370)	−0.003*** (−7.080)
Age	−0.001*** (−5.23)	−0.001*** (−4.015)	−0.001*** (−19.010)	−0.001*** (−17.460)
Cash	0.626*** (1554.770)	0.626*** (1554.773)	−0.000 (−0.110)	0.000 (0.360)
_cons	0.685*** (92.060)	0.629*** (81.750)	0.041*** (7.020)	0.106*** (17.750)
N	8263	8263	8263	8263
R^2	0.998	0.998	0.005	0.013

注："***"表示在1%的置信水平下显著。

4.4 影响机制的进一步研究

前文验证了股权交易流动性有助于提高企业绩效，本节将分析股权交易流动性对公司绩效影响的具体作用机制。基于对股权交易流动性影响公司绩效的机制分析，我们认为股权交易流动性通过作用于公司治理、产权结构、政企关系改善和资本再配置而改善公司绩效。根据温忠麟等（2004）的研究结论，本书设置递归方程检验相关变量的中介效应：

$$\begin{cases} ROA_{it} = \varphi_0 + \varphi_1 LIQ_{it-1} + \sum_{j=1}^{J} Control_j + W_{it}\varphi + \zeta_{it} & (4-7) \\ MEDIATOR_{it} = \theta_0 + \theta_1 LIQ_{it-1} + \sum_{j=1}^{J} Control_j + W_{it}\theta + \tau_{it} & (4-8) \\ ROA_{it} = \varphi'_0 + \varphi'_1 LIQ_{it-1} + \varphi'_2 MEDIATOR_{it} + W_{it}\varphi' + \omega_{it} & (4-9) \end{cases}$$

上述递归模型的检验程序和原理如下：首先估计方程（4-7），如果φ_1显著异于0，表明股票流动性确实影响企业绩效；其次估计方程（4-8）、（4-9），如果θ_1和φ'_2均显著不等于0，说明流动性通过中介变量MEDIATOR影响企业绩效；进一步，如果方程（4-9）中φ'_2显著但φ'_1不显著，则说明MEDIATOR发挥完全中介作用。如果θ_1和φ'_2至少有一个不显著，那么我们可通过Sobel（1986）方法检验θ_1和φ'_2的显著性判断中介效应是否显著。

4.4.1 产权结构机制

股权交易流动性通过股权交易流动优化企业股权结构，促进企业绩效提升。一方面，股权交易流动性提升，特别是消极型监督者股权交易流动性提升，降低股权集中度，适度的股权集中度更有利于企业绩效（Friedman et al., 2003）。另一方面，从流动性角度而言，Amihud & Mendlson（1986）发现高流动性股票具有较低的资本成本，Lipson & Mortal（2009）研究发现，高流动性股票交易成本和权益发行成本较低，企业更容易开展权益融资。

假设4-2a：股权交易流动性通过优化产权结构提升公司绩效。（图4-2）

图4-2 **产权结构机制**

表4-5的Pannel A提供了反映股权集中度指标$Cstr_{1-10}$作为中介变量的估计结果。可以看出，$TOVER$的系数φ_1估计值在1%置信水平下显著为正，$ILLIQ$的系数φ_1估计值在1%置信水平下显著为负，在效益方程（4-7）中，φ_1显著异于0，表明股权交易流动性确实影响企业财务指标资产收益率（ROA）；方程（4-8）和（4-9）中，θ_1和φ'_2均显著不等于0，说明股权交易流动性通过中介变量$Cstr_{1-10}$影响企业财务指标资产收益率（ROA）。本书进

一步通过 Sobel（1986）方法检验 θ_1 和 φ'_2 的显著性，结果显示，中介效应比例为 22.21%。

4.4.2 公司治理机制

股权交易流动性通过改善公司治理机制，促进企业绩效提升。随着股权交易流动性上升，投资者买卖股票形成的价格冲击逐步减小，掌握信息的大股东更容易低价购买股票，此时大股东更有动力积极监督公司并搜集信息，同时，Edmans & Manso（2011）等认为，退出本身可以作为公司治理机制，大股东的监督和退出威胁有效降低了分散股权带来的"搭便车"问题。

假设 4-2b：股权交易流动性通过改善公司治理提升公司绩效。

图 4-3 公司治理机制

表 4-5 的 Pannel B 提供了反映公司治理指标的管理费用率（Mcost）作为中介变量的估计结果。可以看出，TOVER 的系数 φ 估计值在 1% 置信水平下显著为正，ILLIQ 的系数 φ 估计值在 1% 置信水平下显著为负，在效益方程（4-7）中，φ_1 显著异于 0，表明股权交易流动性确实影响企业财务指标资产收益率（ROA）；方程（4-8）和（4-9）中，对于 TOVER，θ_1 和 φ'_2 均显著不等于 0，但是对于 ILLIQ，θ_1 不显著，本书进一步通过 Sobel（1986）方法检验 θ_1 和 φ'_2 的显著性，结果显示，中介效应比例为 10.33%，结果较为显著，说明股权交易流动性通过中介变量管理费用率（Mcost）影响企业财务指标资产收益率（ROA）。

4.4.3 市场竞争机制

股权交易流动性通过提高股权价格信息反映市场认可的企业竞争实力，进而促进企业改善绩效。Holmstrom & Tirole（1993）研究发现，流动性的增加提升了企业信息的边际价值，中小股民更有动力搜集、加工并利用公司信息进行交易，提高股价信息含量。Chen et al.（2007）、Polk & Sapienza（2008）

认为流动性好的股权、富含信息的股价能够为经营层提供更多企业未来发展、行业前景、市场竞争实力等信息，有利于优化投资决策，同时有利于规范企业信息披露，降低信息不对称性，形成更好的外部股东监督机制。

假设4-2c：股权交易流动性通过创造良好市场竞争机制进而提升公司绩效。

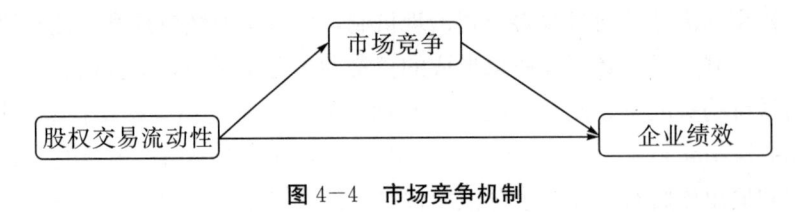

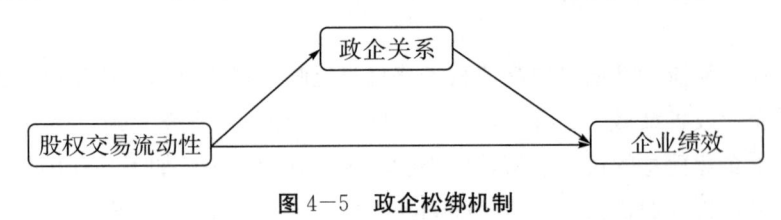

图4-4 **市场竞争机制**

表4-5的Pannel C提供了反映市场竞争机制指标的股价信息含量（SPI）作为中介变量的估计结果。可以看出，$TOVER$的系数φ估计值在1%置信水平下显著为正，$ILLIQ$的系数φ估计值在1%置信水平下显著为负，在效益方程（4-7）中，φ_1显著异于0，表明股权交易流动性确实影响企业财务指标资产收益率（ROA）；方程（4-8）和（4-9）中，θ_1和φ_2'均显著不等于0，说明股权交易流动性通过中介变量股价信息含量（SPI）影响企业财务指标资产收益率（ROA）。本书进一步通过Sobel（1986）方法检验θ_1和φ_2'的显著性，结果显示，中介效应比例为2.63%。

4.4.4 政企松绑机制

股权交易流动性通过推动理顺政企关系促进企业改善绩效。基于股权交易流动性的资本运营有助于减缓政府对企业的微观干预，提升企业独立性，培育合格市场主体。从对企业的管制过渡到对国有资本的管理，政府和企业之间不再是行政隶属关系，政府真正以股东的身份行使股权，从根本上理顺政府、市场和企业的关系，化解体制转轨中的诸多矛盾（陈清泰，2015）。

假设4-2d：股权交易流动性通过作用于政企关系提升公司绩效。

图4-5 **政企松绑机制**

表4-5的Pannel D提供了反映政企松绑机制的政治关联指标 $Polit$ 作为中介变量的估计结果。可以看出，$TOVER$ 的系数估计值在1%置信水平下显著为正，$ILLIQ$ 的系数 φ 估计值在1%置信水平下显著为负，在效益方程（4-7）中，φ_1 显著异于0，表明股权交易流动性确实影响企业财务指标资产收益率；方程（4-8）和（4-9）中，对于 $TOVER$，θ_1 不显著，但是对于 $ILLIQ$，θ_1 和 φ_2' 显著不等于0，本书进一步通过 Sobel（1986）方法检验 θ_1 和 φ_2' 的显著性，结果显示，中介效应比例为19.82%，结果较为显著，说明流动性通过中介变量政治关联指标（$Polit$）影响企业财务指标资产收益率（ROA）。

4.4.5 资本再配置机制

股权交易流动性通过推动国有资本配置结构优化来促进企业改善绩效。国有企业绩效与其所处行业、行业所处生命周期相关。若行业进入衰退期，则该行业的国有企业绩效将受到很大的负面影响。管资本导向下基于流动性的国有企业资本运营提升了国有资本的流动性，可以使国有资本根据经济发展阶段的变化以及行业所处生命周期的演变进行动态调整，从而提升国有资本宏观配置效率和国有资本的回报水平。国有资本回报的提升在微观层面就反映为国有资本所投企业或国有企业绩效的提升。以国有钢铁企业为例，一方面企业从自身实际情况和未来发展前景的角度出发，制定了宏观的战略目标，不断拓展整体的生产规模；另一方面，按照国家战略转型的需要从部分钢铁企业中调整出来，转而对战略性新兴产业给予更多的投资，并不能理解成国家否认这些钢铁企业拓展规模的做法。

假设4-2e：股权交易流动性通过作用于资本再配置机制提升公司绩效。

图4-6 资本再配置机制

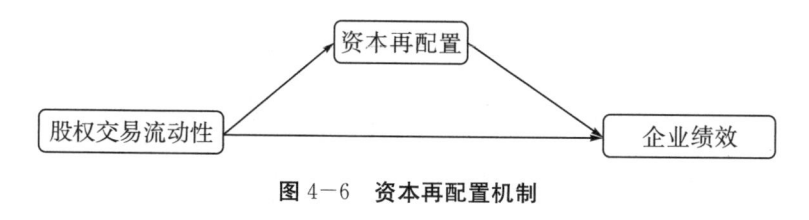

表4-5的Pannel E提供了反映资本配置要素 $Debtcost$ 作为中介变量的估计结果。可以看出，$TOVER$ 的系数 φ 估计值在1%置信水平下显著为正，$ILLIQ$ 的系数 φ 估计值在1%置信水平下显著为负，在效益方程（4-7）中，φ_1 显著异于0，表明股权交易流动性确实影响企业财务指标资产收益率（ROA）；方程

(4—8)和(4—9)中,对于 $TOVER$,θ_1 和 φ_2' 均显著不等于 0,但是对于 $ILLIQ$,θ_1 不显著,本书进一步通过 Sobel(1986)方法检验 θ_1 和 φ_2' 的显著性判断,结果显示,中介效应比例为 13.40%,结果较为显著,说明流动性通过中介变量资源再配置指标($Debtcost$)影响企业财务指标资产收益率(ROA)。

表4—5 股权交易流动性与公司绩效的中介效应检验

	$TOVER$	$ILLIQ$
Pannel A:产权结构机制的中介效应检验($MEDIATOR=Cstr_{1-10}$)		
φ_1	0.128***	−0.035***
	(11.187)	(−12.641)
φ_2	0.003***	0.005***
	(4.582)	(7.632)
θ_1	−1.476***	−0.218***
	(−14.127)	(−8.701)
φ_1'	0.136***	−0.003***
	(11.843)	(−12.321)
φ_2'	0.005***	0.004***
	(7.003)	(5.123)
Pannel B:公司治理机制的中介效应检验($MEDIATOR=Mcost$)		
φ_1	0.128***	−0.035***
	(11.187)	(−12.641)
φ_2	0.003***	0.005***
	(4.582)	(7.632)
θ_1	−0.120***	−0.002
	(−9.553)	(−0.821)
φ_1'	0.106***	−0.036***
	(9.472)	(−13.721)
φ_2'	−0.195***	−0.200***
	(−34.754)	(−35.79)
Pannel C:市场竞争机制的中介效应检验($MEDIATOR=SPI$)		
φ_1	0.128***	−0.035***
	(11.187)	(−12.641)
φ_2	0.003***	0.005***
	(4.582)	(7.632)
θ_1	−0.321***	−0.078***
	(−5.210)	(−5.350)

续表4-5

	TOVER	ILLIQ
φ'_1	0.121*** (10.420)	−0.035*** (−12.830)
φ'_2	0.008*** (6.250)	0.006*** (5.200)
Pannel D：政企松绑机制的中介效应检验（MEDIATOR=Polit）		
φ_1	0.128*** (11.187)	−0.035*** (−12.641)
φ_2	0.003*** (4.582)	0.005*** (7.632)
θ_1	0.033 (0.290)	−0.288*** (−10.580)
φ'_1	0.120*** (10.350)	−0.037*** (−13.610)
φ'_2	−0.005*** (−8.370)	−0.006*** (−8.92)
Pannel E：资本再配置机制的中介效应检验（MEDIATOR=Debtcost）		
φ_1	0.128*** (11.187)	−0.035*** (−12.641)
φ_2	0.003*** (4.582)	0.005*** (7.632)
θ_1	−0.064*** (−1.784)	0.015 (1.692)
φ'_1	0.130*** (11.401)	−0.035*** (−12.951)
φ'_2	0.040*** (19.123)	0.040*** (19.201)

注："***"表示在1%的置信水平下显著。

4.5 实证结论与建议

本书以2006—2017年A股国有上市公司为研究样本，考察股权交易流动性对国有企业绩效的影响，发现股权交易流动性提高，股权价值（股票价格）就更能反映企业基本面和经营者行为，进而有利于提高大股东监督积极性并强化股东退出威胁，优化管理层薪酬契约并减少管理层机会主义行为，更能降低信息不对称性，在资本市场反映出良好形象，从而拥有更低的资金成本和更好的公司绩效。管资本导向下基于流动性的国有企业资本运营提升国有股权的交易流动性，通过作用于公司治理、产权结构、政企关系、资本再配置等机制，改善国有企业绩效。

本书研究建议：第一，提高国有企业股权交易的流动性。通过国有企业股权交易（特别是消极型监督者的股权交易）的流动，进一步对管理层形成外部激励和约束压力，从而改善公司治理结构，优化产权结构，在市场体系中平等竞争，实现优胜劣汰，国有经济有进有退优化资源配置。第二，要提高消极型监督者（投机型股东）为主的股权交易流动性，打通国有企业股权的退出通道，从空间维度和时间维度提高股权交易流动性，允许各种所有制性质股东参与国有股权交易，规范股权交易流程，提高交易效率。第三，股权交易监管者（国资委、证监会等监管机构）要进一步加强上市公司信息披露机制、产权保护机制、中小投资者维护机制等，为市场流动性创造良好公平的制度环境。

5 积极型监督者的股权交易流动和国有企业绩效关系的实证研究

5.1 研究的问题

积极型监督,即对公司控制权有重要影响的战略型的核心股东,通过股权交易流动形成有效的股权集中结构和股权制衡机制,积极管理企业管理层的道德风险问题。管资本导向下基于流动性的国有企业资本运营,把国家投入国有企业的整体资产转化为可分拆的国有资本,并积极引入各类社会资本。张晖明和陆军芳(2013)认为国有企业资本化有利于增强国有资本流动性。国有企业的股权从不可交易变为可交易,从低流动性转变为高流动性。按照公司金融实践经验,国有股东及相关大股东持股通常缺乏流动性,但是通过股权交易流动形成有效的股权集中结构和股权制衡机制,引入积极监督者,有利于解决企业管理层的道德风险问题,进而改善企业绩效。

管资本导向下基于流动性的国有企业资本运营过程中,国有企业引进非国有投资者,形成多个出资人,对于疏解大型国有企业产权的委托—代理问题具有积极意义(陈维政等,2000;蓝定香,2011)。依据现代企业理论和产权理论(Jensen et al.,1976;Williamson,1985;张维迎,1995),国有企业的低效率主要是因为国家所有制下的委托代理问题和效率损失。Liu(2006)、Liao(2009)、张卓元(2015)研究认为,国有企业由于其特殊的企业性质,面临"所有者缺位"或"虚委托人"问题,国有资产无法分割和量化给全民,不能落实到责任主体,所有权和原始委托人虚置。从发挥产权效应角度,国有企业进行产权改革,逐步扩大非国有经济比例,找到真正承担风险的资产所有者(张维迎,1995;胡一帆等,2005)。从发挥治理效应角度,就是进一步构建现代企业制度,改善内部治理结构和外部治理环境(魏明海、柳建华,2007;武常岐、钱婷,2011)。

在渐进式转轨背景下,国有企业引入非国有资本并非一步到位,会经历一个逐步优化的过程。本书按照主要控股股东和制衡股东所有制性质的不同,将国有资本参与的混合所有制企业划分为三种基本混合模式:一是国有控股、国有制衡;二是国有控股、非国有制衡;三是非国有控股、国有制衡,验证不同所有制股东如何设置产权集中度与制衡度对公司绩效的提升更有利,从而为我国管资本导向下基于流动性的国有企业资本运营的产权结构配置提供理论和实证支持。

5.2 研究假设和研究设计

5.2.1 研究假设

Bloch & Hege(2003)研究指出,如果第一大股东拥有良好的监督能力及较低的监督成本,则最优的股权结构是单个股东控制企业;否则,多个股东分享控制权将更为有利。本书认为,在我国外部治理环境和法制监督体系还不完善的环境下,第一大股东,特别是第一大股东是国有企业时,被监督成本较高,因此,混合所有制企业中,股权制衡度越高,其他大股东对第一大股东的约束力越强,股东之间的制衡就会越大程度地防止第一大股东侵占公司资源获取私人利益的"掏空行为",改善公司治理,公司绩效越好。

假设5-1:股权制衡度越高,公司绩效越好,即股权制衡度越高,其他大股东对控股股东的约束力越强,改善公司治理,公司绩效越好。

第一大股东,即控股股东在公司中发挥重要作用,适度的股权集中更有利于企业绩效,可以有效抑制"掏空效应",对控股股东加以约束和监督;同时促进"支持效应",保证与控股地位相适应的控制力。张文魁(2014)根据让·梯若尔(2007)的研究推理构建积极型监督者,同时提出如果积极型监管督持有企业全部股份,过度监督会打击管理层积极性,不利于企业发展。

假设5-2:股权集中度与公司绩效呈"倒U型"关系,即第一大股东持股比例与公司绩效呈"倒U型"关系,第一大股东持股比例较少时,与公司绩效正相关;当第一大股东持股较多时,与公司绩效负相关。

股东制衡或合谋的决策很大程度上受到大股东性质或类别的影响(Bloch et al., 2003; Denis et al., 2003; Cheng et al., 2013)。如果第二大股东与第一大股东具有不同的身份,将可能减少共谋和勾结,降低资本成本(刘星等,2007; Atting et al., 2013),并改善公司治理(Maury et al., 2005),提高公司绩效。混合所有制企业中相互制衡股东的性质主要有国有股东和非国有股东。不同性质的股东具有不同的特征，对企业绩效有不同的影响。

假设5-3：控股股东与制衡股东具有不同的所有制性质，公司绩效较好。

5.2.2 数据来源和样本选择

企业资本运营第三层次的上市公司大多经历了公司化、股权多元化（混合所有制）以及公开发行股票上市证券化历程，是一种更加灵活、广义的国有资本和其他所有制资本结合的路径，将形成更加多元化、公众化、社会化的资本运营形式。本书以2006—2017年A股国有股东作为第一大和第二大股东的上市公司为研究样本，剔除金融类、净资产为负以及ST的公司，并剔除部分数据缺失的样本，最后得到8263个观测值。数据来源为CSMAR深圳国泰安数据库。

从微观操作层面看，按照控股主体的不同，混合所有制可以分为国有资本控股型混合模式、私有资本控股型混合模式和外资控股型混合模式，或分为国有资本控股型混合模式和国有资本参股型混合模式（黄群慧等，2015）。本书依据上市公司控股股东及其制衡股东性质，把国有资本参与的上市公司划分为三种基本混合模式：一是国有控股、国有制衡的混合Ⅰ型，得到1500个观测值；二是国有控股、非国有制衡的混合Ⅱ型，得到6114个观测值；三是非国有控股、国有制衡的混合Ⅲ型，得到649个观测值。

5.2.3 变量定义

1. 股权制衡度和股权集中度指标的测度与自变量设定

股东制衡度体现的是其他大股东对第一大股东的制约能力。本书参照传统的股东制衡度，一般采用第一大股东与第二至第五大股东持股比例之和的比值，或第一大股东与第二至第十大股东持股比例之和的比值进行衡量（赵景文，2005；陈德萍等，2011），同时借鉴唐跃军等（2005）的方法，用第二至第五大股东持股比例之和与第一大股东持股比例的比值（$RSH_{2345/1}$）以及第二大股东持股比例与第一大股东持股比例的比值（$RSH_{2/1}$）来衡量股权制衡度。本书用第一大股东，即控股股东持股比例（$Share_1$）来度量股权集中度。

2. 公司绩效指标的测度与因变量设定

目前已有的股权制衡研究中，有采用会计类指标的净资产收益率、主营业务利润率、股票收益率等（陈晓、江东，2000；徐晓东、陈小悦，2003；Sun & Tong，2003），有采用 Tobin's Q 等企业价值指标的（朱武祥，2002）。本书沿用第 4 章的指标测度方式，从技术效率和财务效益两个维度来分析公司绩效。

（1）技术效率测度和变量设定。

沿用第 4 章 4.2.3，我们选择方程（4-3）的技术效率（TE）进行估计。

我们对样本中 2006—2017 年的数据进行效率估算。选择固定资产净额（$Assets$）和员工人数（$Staff$）作为资本与劳动的投入变量，以营业收入（$Income$）和营业利润（$Profit$）作为产出变量。同时，根据所要研究的问题，我们选择股权制衡度第二大股东持股比例与第一大股东持股比例的比值（$RSH_{2/1}$）和第二至五大股东持股比例之和与第一大股东持股比例的比值（$RSH_{2345/1}$）、第一大股东持股比例（$Share_1$）、第二大股东持股比例（$Share_2$）等作为环境因素变量来分析其对于效率的影响。

（2）经济增加值的测度和变量设定。

本书选择每股 EVA 即 SEVA 进行测度。在所有财务指标和经济增加值指标中，EVA 指标是测算盈利能力与企业价值中最具有解释力的指标。因为 EVA 更全面地考虑了资本成本（包含债务资本成本和股权资本成本），特别是不同于其他指标仅考虑债务成本。加入股权融资成本后，站在股东的角度计算利润，更接近于经济利润的概念。该指标更适合于股东，特别是国有股东来测量企业是否以股东权益增加值作为出发点来进行经营。同时，考虑到 EVA 指标测度后数据值偏大，不利于做比较分析，本书剔除了规模影响，进行了相对值的测算，即以 SEVA 作为经济增加值测量的指标。

3. 控制变量

我们还引入了一系列控制变量（表 5-1），公司规模（$Size$），公司期末总资产的自然对数；现金流（$Cash$），公司购买商品、接受劳务支付现金的自然对数；公司员工人数（$Staff$），公司期末员工人数的自然对数。

表 5-1　变量定义

	变量名	变量符号	变量定义
因变量	技术效率	TE	使用 Battese & Coelli（1992）模型对各样本的技术效率进行估计
	每股 EVA	SEVA	SEVA＝EVA 净值/总股本；EVA 净值＝税后经营净利润－总投入成本×加权平均资本成本

续表5-1

	变量名	变量符号	变量定义
自变量	第一大股东持股比例	$Share_1$	第一大股东持股数/总股本数
	股权制衡度1：第二大股东持股比例与第一大股东持股比例的比值	$RSH_{2/1}$	$RSH_{2/1} = Share_2/Share_1$
	股权制衡度2：第二至五大股东持股比例之六与第一大股东持股比例的比值	$RSH_{2345/1}$	$RSH_{2345/1} = Share_{2345}/Share_1$
控制变量	公司规模	$Size$	公司期末总资产的自然对数
	现金流	$Cash$	公司购买商品、接受劳务支付现金的自然对数
	员工人数	$Staff$	公司期末员工人数的自然对数

5.2.4 模型的设定

本书中因变量为技术效率（TE）和经济增加指标 $SEVA$，自变量中主要有测度股权制衡度和集中度的指标，同时还引入了一系列控制变量对这种影响因素加以控制（变量定义见表5-1）。采用回归模型方程（5-1）对样本中2006—2017年的数据进行技术效率和财务效益估算[①]，利用这些实证结果具体探讨怎样的股权结构及股权制衡程度有利于企业高效率地配置资源，从而提高技术效率和财务效益。

$$Y_{it} = \beta_0 + \sum_{k=1}^{K}\beta_k X_{kit} + \sum_{j=1}^{J}\beta_j Control_{jit} + \lambda_t + \varepsilon_{it} \quad (5-1)$$

其中，因变量 Y_{it} 是公司绩效指标，自变量 X_{kit} 分别是股权制衡度、股权集中度指标，$Control_{jit}$ 是控制变量指标，λ_t 是时间固定效应，ε_{it} 是随机误差项；k 是自变量个数，j 是控制变量个数，i 为公司个数；t 为年份。

---

① 学术界对于股权结构的属性向来有内生性变量与外生性变量的争论（Demsetz，2001）。本书对此不做深入探讨，但基于目前股权分置、一股独大的股权结构特征基本上是制度改革不彻底的结果的认识，我们倾向于将股权结构看作外生变量。因此我们在分析中未对这种内生性进行考量，模型估计是利用最小二乘法进行的。

5.3 实证结果与分析

5.3.1 主要变量描述性统计

表5-2为主要变量描述性统计结果。第一大股东平均持股比例为35.49%，根据$RSH_{2/1}$计算得出第二大股东平均持股比例为11.96%。参照La Porta et al.(1999)将公司存在不止一个股东持有超过10%的投票权定义为存在股权制衡，将超过10%的股东定义为大股东，这一统计结果表明，我国上市公司普遍存在多个大股东，股权存在制衡。第二大股东持股比例与第一大股东持股比例的比值（$RSH_{2/1}$）均值为33.70%，第二到第五大股东持股比例之和与第一大股东持股比例的比值（$RSH_{2345/1}$）均值为67.10%，表明我国股东制衡普遍存在，但制衡力度不大。

表5-2 主要变量的描述性统计

变量	样本量	均值	标准差	最小值	最大值
TE	8263	21.155	1.552	9.044	28.689
$SEVA$	8263	−0.325	1.998	−71.759	45.622
$Share_1$	8263	35.490	15.272	0.290	98.860
$RSH_{2/1}$	8263	0.337	0.289	0.001	1.000
$RSH_{2345/1}$	8263	0.671	0.603	0.003	3.922
$Size$	8263	21.844	1.344	12.314	28.509
$Cash$	8263	20.670	1.739	7.215	28.633
$Staff$	8263	7.081	1.151	3.045	13.139

5.3.2 股权制衡度、股权集中度对公司绩效的回归结果及分析

1. 股权制衡度对公司绩效的回归结果及分析

本书将股权制衡度指标$RSH_{2/1}$和$RSH_{2345/1}$分别对技术效率（TE）和经济增加值指标（$SEVA$）进行回归。表5-3报告了回归模型的估计结果，

$RSH_{2/1}$ 和 $RSH_{2345/1}$ 均与 TE 和 $SEVA$ 的系数在 1‰ 置信水平下正向显著相关，这表明权制衡度越高，其他大股东的约束力越强。从技术效率角度而言，越抑制控股股东为了自身影响力等利益而开展的无效技术研发、盲目扩大企业规模等低效率行为，技术效率越高；从经济增加值指标角度而言，越能有效防止控股股东损害小股东利益，抑制控股股东"掏空行为"，改善公司治理水平，提升经济增加值指标。这种效应不仅统计意义显著，也是国家支持多元股权（混合所有制）改革的实证基础，具有重要的经济意义。就技术效率而言，$RSH_{2/1}$ 的系数为 0.078，表示股权制衡度增加 1‰，公司绩效的技术效率 TE 提高 1.45‰；就经济增加值指标而言，$RSH_{2/1}$ 的系数为 0.292，表示股权制衡度增加 1‰，公司绩效的经济增加值指标 $SEVA$ 提高 4.22‰。

表 5-3 股权制衡度对 TE 和 $SEVA$ 的回归结果

变量	TE		$SEVA$	
$RSH_{2/1}$	0.078*** (7.520)		0.292*** (5.510)	
$RSH_{2345/1}$		0.053*** (9.880)		0.211*** (7.650)
_cons	0.768*** (18.560)	0.742*** (17.880)	−1.042*** (−5.000)	−1.145*** (−5.470)
$\ln sig2v\_cons$	−2.369*** (−135.010)	−2.371*** (−135.210)		
$nsig2v\_cons$	−1.725*** (−63.270)	−1.726*** (−63.390)		
N	8263	8263	8263	8263
R^2			0.003	0.004

注："***"表示在 1‰ 的置信水平下显著。

上述研究结果支持了陈信元等（2004）、Lehmann & Weigand（2000）、陈德萍和陈永圣（2011）、朱德胜和张菲菲（2016）等人的研究结论，股权制衡有利于改善公司治理水平，提高公司绩效和价值，其他大股东特别是第二大股东对控股股东的制衡能力越大，公司绩效越好。与之不同的是，本书同时就技术效率和经济增加值指标进行了验证以丰富对股权制衡度的影响机制分析。

2. 股权集中度对公司绩效的回归结果及分析

本书将股权集中度的指标第一大股东持股比例（$Share_1$）分别对技术效率（TE）和经济增加值指标 $SEVA$ 进行回归。表 5-4 报告了回归模型的估计结果，第一大股东持股比例与公司技术效率呈"倒 U 型"关系，第一大股东持股比例较少时，与公司技术效率正相关，持股比例越高，公司技术效率越好。这与 Shleifer & Vishny (1988)、孙永祥和黄祖辉 (1999)、施东辉 (2003) 的研究结果相符。第一大股东持股比例与公司经济增加值指标呈"正 U 型"关系，即第一大股东持股比例较少时，与公司财务指标负相关，持股比例越低，公司财务指标越好。这与 Wei et al. (2005)、白重恩等 (2005) 的研究结果类似。徐丽萍等 (2006) 将上述结论的差异归因于选择的绩效指标的差异。第一大股东持股比例技术效率指标结果显著表明，当第一大股东持股比例太少时，控股股东受制于其他股东的过度监督或者没有积极性，不能发挥对公司的支持作用，不利于公司绩效提升。随着第一大股东持股比例的提升，股份集中的核心股东能够成为积极型监督者，有利于抑制股东的过度流动，公司绩效相应提升；但是当持股比例过高时，控股股东的控制力过高，反而不利于公司绩效。因而，第一大股东的持股比例控制在适度范围内，更有利于公司绩效。这一结论支持让·梯若尔 (2007)、张文魁 (2014) 的研究结果。

表 5-4 股权集中度对 TE 和 $SEVA$ 的回归结果

变量	TE	$SEVA$
$Share_1$	0.004***	−0.002
	(5.151)	(−0.653)
$Share_1^2$	−0.000*	0.000*
	(−1.732)	(1.823)
_cons	−0.784***	−0.465***
	(−17.951)	(−5.280)
$lnsig2v\_cons$	−2.367***	−0.745***
	(−134.832)	(−3.384)
$lnsig2u\_cons$	−1.723***	
	(−63.153)	
N	8263	8263
R^2		0.002

注："***""*"分别表示在 1%、10%的置信水平下显著。

5.3.3 不同性质股东控股及制衡对公司绩效的回归结果及分析

上述检验结果支持了大股东之间互相监督、发挥制衡效应有利于企业绩效的提升，不同股东持股数量会对公司绩效有不同程度的影响。然而，大股东性质也会影响大股东之间是共谋还是监督。下文通过将国有资本参与的混合所有制企业按照股东性质分为三类，分别回归验证大股东股权制衡对公司绩效的影响。

本书在三种混合类型分类的情况下，股权制衡度指标 $RSH_{2/1}$ 和 $RSH_{2345/1}$ 分别对技术效率 TE 和经济增加值指标 $SEVA$ 进行回归。表 5-5 报告了回归模型的估计结果：首先，所有类型股权制衡度的系数均与预期基本一致且具有显著性（除混合Ⅲ型外），这一验证结果与假设 5-1 一致；混合Ⅲ型的股权制衡度 $RSH_{2/1}$ 与 TE 和 $SEVA$ 负相关但不显著。这可能是因为国有股东作为第二大股东对非国有控股股东约束力过强，抑制控股股东发挥管理潜能，而且形成股权制衡内耗，导致公司绩效反倒有所降低。其次，混合Ⅰ型系数的绝对值远小于混合Ⅱ型，这一检验结果与假设 5-3 是一致的，针对国有控股股东监督能力较弱的情况下，在第一、二大股东分属不同性质的公司中，股权制衡的效果相对较好。但是对于其他混合类型，基于非国有控股股东自身监督动力较强，即使第一、二大股东同属非国有性质，仍具有较好的制衡效果，反而第二大股东是国有股东时，国有股东作为非国有企业的重要参股股东，持股比例越大，其约束越多，对公司经济增加值指标反而不利，这一检验结果与假设 5-3 不一致。因而，这个命题应该是如果第一大股东自身未拥有良好的监督能力和较低的监督成本，多个股东，特别是不同性质股东分享控制权将更为有利，这与 Bloch et al.（2003）的研究结果更为相近。

表 5-5 三种混合类型股权制衡度、股权集中度对 TE 和 $SEVA$ 的回归结果

变量	混合Ⅰ型 （国有与国有）		混合Ⅱ型 （国有与非国有）		混合Ⅲ型 （非国有与国有）	
	TE	$SEVA$	TE	$SEVA$	TE	$SEVA$
$RSH_{2/1}$	0.065 (1.564)	1.008*** (3.541)	0.118*** (5.512)	0.484* (4.152)	−0.017 (−0.251)	−0.039 (−0.103)
$RSH_{2345/1}$	0.026 (1.102)	0.422* (2.561)	0.076*** (6.012)	0.311*** (4.541)	0.042 (1.062)	0.329 (1.412)

续表 5-5

	混合Ⅰ型 (国有与国有)		混合Ⅱ型 (国有与非国有)		混合Ⅲ型 (非国有与国有)	
$Share_1$	0.011*** (3.834)	0.000 (0.012)	0.001 (0.501)	-0.009 (-1.145)	0.010* (1.982)	0.023 (0.801)
$Share_1^2$	-0.000*** (-3.301)	-0.000 (0.776)	0.000 (1.230)	0.000 (0.998)	-0.000 (-1.150)	-0.000 (-0.254)
N	1500	1500	6114	6114	649	649

注："***""*"分别表示在1%、10%的置信水平下显著。

5.3.4 稳健性检验

技术效率 TE 模式下，营业利润也是企业技术效率一个重要的产出变量，用营业利润指标进行稳健性检验，此外，我们还设定了其他股权制衡度指标，如其他股东持股比例和第一大股东持股比例的比值等如 $RSH_{23/1}$，发现结果并不影响本书的研究结论。回归结果如表 5-6 所示，主要指标得出一致性结论。

表 5-6 稳健性检验回归结果

变量	TE				
$RSH_{2/1}$	0.057*** (14.870)				
$RSH_{23/1}$		0.048*** (18.720)			
$RSH_{2345/1}$			0.039*** (21.170)		
$RSH_{3/12}$				0.243*** (22.490)	
$RSH_{345/12}$					0.127*** (24.310)
$\_cons$	0.254*** (148.190)	0.250*** (147.280)	0.248*** (148.690)	0.248*** (153.370)	0.245*** (151.510)
N	8263	8263	8263	8263	8263
R^2	0.009	0.014	0.017	0.019	0.023

注："***"表示在1%的置信水平下显著。

我们还采用滞后一期变量对股权制衡与公司绩效之间的内生性问题进行检验。首先，当以公司技术效率为因变量，以滞后一期的技术效率以及滞后一期的股权制衡度指标为自变量，滞后一期的股权制衡度与下一期的技术效率具有正向显著关系。当以股权制衡度为因变量，以滞后一期的技术效率和滞后一期的股权制衡度为自变量时，滞后一期的技术效率与下一期的股权制衡度不存在显著关系。上述检验结果显示，股权制衡度和技术效率之间的正向关系更可能是从股权制衡度到技术效率，即股权制衡度越高，对控股股东和制衡股东之间的平衡更加有效，进而促进公司绩效的改善。其次，我们还进行了固定效应模型回归，对表5-3、表5-4和表5-5的全部样本进行了重新估计。此外，我们调整了大股东的定义，将公司存在多个持股比例超过15%的股东时定义为多个大股东，我们还设定了其他股权制衡度指标，比如$RSH_{23/1}$、$RSH_{3/12}$、$RSH_{345/12}$，我们调整$SEVA$指标为其他财务指标，比如净资产收益率，发现对结果并无影响，表明本书的研究结论具有较高的稳定性。

5.4 实证结论与建议

积极型监督，即对公司控制权有重要影响的战略型的核心股东，通过股权交易流动形成有效的股权集中结构和股权制衡机制，积极管理企业管理层的道德风险问题。管资本导向下基于流动性的国有企业资本运营过程中，国有产权和非国有产权混合比例不断调整，产权结构不断优化，对于疏解大型国有企业产权的委托代理问题具有积极意义。在渐进式转轨背景下，与彻底的"私有化"或"民营化"不同，在以公有制为主体、多种所有制经济共同发展的前提下，建立国有股东控股和非国有股东制衡的混合股权结构，在企业内部形成股权的制约机制，表现出更优的企业绩效。从公司金融视角本书得出以下主要实证结论和建议。

第一，通过股权交易流动形成股权制衡有利于企业绩效的提升。实证研究结果显示，股权制衡对于公司绩效的提升是有利的，股权制衡度越高，公司绩效越好，同时，不同的股权结构及股东所有制性质可能展现出不同的影响程度。对于国有企业而言，不管制衡股东是国有还是非国有身份，股权制衡都有利于国有控股企业绩效的提升，其中非国有制衡股东绩效表现更好。但是对于非国有控股的国有重要参股公司，可能由于国有股东作为第二大股东对非国有控股股东约束力过强，抑制控股股东发挥管理潜能而且形成股权制衡内耗，导致公司绩效反而降低。

第二，通过股权交易流动适度控制第一大股东持股比例有利于企业绩效。实证研究结果显示，第一大股东并不是股权比例越高越好，所以应适度控制股权比例。在混合所有制国有企业中，在保证国有控股地位的前提下适度引入大宗股份、积极股东的非国有资本，有利于国有企业绩效的提升。

第三，通过股权交易流动形成国有股东控股和非国有股东制衡的混合股权结构有利于企业绩效提升。国有控股企业中，国有控股股东持股比例相对较高，是企业发展的实际控制人；非国有制衡股东是企业发展的积极监督者，在国有资本中积极引入非国有积极股东，非国有资本和国有资本形成合力，更能激发国有控股股东的活力，调动更大规模的社会资本，对国有资本形成制衡从而改善国有企业技术效率。

6 市场竞争环境与国有企业资本运营关系的实证研究

6.1 研究的问题

让·梯若尔(2007)提出宏观经济活动和政策与公司金融有很多相关性。宏观流动性和财务杠杆对公司金融行为会有影响。许多公共政策(如劳动法、环境保护法、审慎监管、账户自由化、外汇管理等)都会影响公司的盈利和可承诺的收入。这些法规法律和公共政策对企业的融资能力、融资结构和公司治理的设计都会产生非常重要的影响。

国有企业改革市场竞争论者认为创造一个公平、充分竞争的市场环境是国有企业改革的核心,竞争可以向出资者提供管理层努力程度的信息,从而解决所有者和管理层之间信息不对称等问题。出资者可以通过预算约束硬化以及更加有效的激励约束机制来创造良好的竞争环境,从而促进国有企业改进内部管理体制,进而改善企业绩效(林毅夫等,1997;Lin et al.,1998;Yarrow,1986)。

在我国从计划经济向市场经济转轨这一背景下,由于转轨起点不同、程度不同,各地区制度环境和市场环境存在较大差异,主要表现在地方国有企业改革政策、地区经济和市场发展水平、地区产业布局等方面。从区域来看,2016年上海的资产证券化率达76.11%,甘肃则只有13.27%。地区间制度环境和市场环境的差异为我们检验管资本导向下基于流动性的国有企业资本运营程度提供了机会。

基于让·梯若尔(2007)提出宏观经济政策和环境与公司金融有很多相关性,本书理论综述并量化分析了地区竞争环境涉及的政策制度、市场化水平、宏观经济发展水平、产业竞争格局等因素对管资本导向下基于流动性的国有企业资本运营程度和绩效的影响,弥补了已有研究的不足。首先总结之前的研究,针对影响国有企业资本运营层次的障碍,以依托资本市场而实现的国有资产转化为国有资本的比率作为因变量，提炼影响国有企业资本运营程度的地区政策和市场环境影响因素，即地区政策制度、市场化环境、宏观经济环境和产业发展状况；在回归分析的基础上采用 Shapley & Owen 拟合优度分解（Shapley & Owen Decomposition of R-squared）方法（Huettner & Sunder，2012），将各个因素对国有企业资本运营程度的影响进行分解，分析研判地区制度和市场环境因素对管资本导向下基于流动性的国有企业资本运营的影响及程度。

6.2 研究假设和研究设计

6.2.1 研究假设

1. 地区管资本政策与管资本导向下基于流动性的国有企业资本运营

深化国有企业改革需要构建科学合理、覆盖全面、协调有效的政策文件体系。由于各种利益考量和地区改革背景条件不同，各地对政策的推进程度存在差异，一方面表现在地方政策的系统性差异，另一方面还表现在政策文件的落地水平参差不齐（文宗瑜，2018）。理论和实证已经证明，管资本的国有企业改革方向有利于改善国有企业绩效（陈清泰，2013；张文魁，2014）。Zinnes et al.（2001）提出企业所有制监督和控制企业管理者的法规和制度框架对于国有企业改革的重要性。管资本的政策制定和执行方面推进较强的地区，管资本导向下基于流动性的国有企业资本运营程度和绩效水平也相应提升。

假设 6-1：企业所处的地区管资本政策系统性和落地性越好，管资本导向下基于流动性的国有企业资本运营程度和绩效越好。

2. 地区市场化环境与管资本导向下基于流动性的国有企业资本运营

各地区市场化水平差异显著，就区域而言，东部沿海省份市场化水平已经取得决定性进展，而另外一些省份经济中的非市场化因素还占重要地位（樊纲，2007）。一个国家越民主、政府负债程度越高、股票市场越发达，越有可能实施民营化改革。地区市场化环境受地方政府对经济干预程度、产品市场竞争程度、要素市场发育水平、法制环节等因素的影响。政府的干预影响管资本导向下基于流动性的国有企业资本运营产权效率的发挥。市场化程度越低的地区，由于地区财政和就业诉求，政府越易于对国有企业实施过多的行政干预（Boycko et al., 1996），将其社会性负担转嫁至企业，导致企业承担更多与利润无关的目标（樊纲，2007）。同时，地区金融自由化程度越高，金融市场发展水平越好，国有资产资本运营的渠道越多，与金融市场接触程度越高，实施难度越低（Boubakri et al., 2005）。

假设 6-2：企业所处的地区市场化环境越好，管资本导向下基于流动性的国有企业资本运营程度和绩效越好。

3. 地区宏观经济环境与管资本导向下基于流动性的国有企业资本运营

Boubakri & Pinotti（2005）经实证研究发现，宏观经济因素对企业民营化绩效具有显著影响。当宏观经济发展处于上升趋势、贸易自由化程度较高、金融自由化程度较高时，国有企业产权改革对企业绩效的改善作用较明显。Li et al.（2011）的理论模型和实证结果表明，地区竞争促使生产成本不断降低，进而加速推动了中国国有企业的产权改革过程。地区经济的繁荣为企业生存和发展提供了良好的外部环境和持续发展的动力，地方政府和企业更愿意提高资产资本化率，积极推动股权多元化和上市工作。同时，对外开放活跃度高的地区更具备市场竞争意识，表现出较强的管资本导向下基于流动性的国有企业资本运营趋势。

假设 6-3：企业所在的地区经济发展水平越高，对外开放程度越高，管资本导向下基于流动性的国有企业资本运营程度和绩效越好。

4. 地区产业结构与管资本导向下基于流动性的国有企业资本运营

随着经济体制改革的逐步深入以及政府对市场管制的不断放松，国有企业面临越来越大的国内市场竞争压力。由于历史原因，国有企业大部分分布于重化工业领域，过去十几年的经济发展对于大多数将优势资源布局在重化工业的国有企业更为有利（张文魁，2013）。但是，越来越多的国有企业涉足非重化工业领域，非重化工产业产值在国民生产总值比重偏低，一定程度上会影响总体结果。同时，处于垄断行业的国有企业利润更好，过度竞争反而不利于企业绩效的改善。

假设 6-4：企业所在的地区重化工业越发达，管资本导向下基于流动性的国有企业资本运营程度和绩效越好。

6.2.2 数据来源和样本选择

本书关于地区市场竞争环境因素的数据来自国家统计数据及人工整理。其中，国有企业改革进展评价的定性指标，通过专家问卷打分的方式获取并整理；市场化环境数据参考樊纲等编制的《中国市场化指数》；各地区国内生产总值和经济发展水平、对外开放程度、金融发展水平和工资水平等数据来源于国家统计局编写的《中国统计年鉴》和中国外汇交易中心。

本书资产证券化指标涉及的上市公司为 2003—2016 年全国 31 个省市 A 股国有控股上市公司（实际控股人为各级政府机构及各级国资委的上市公司），以其为研究样本，剔除金融类、净资产为负以及 ST 的公司，并剔除部分数据缺失的样本，最后得到 434 个年观测值。国有控股上市公司所属地区按其注册地址划分，上市公司数据来源于 Wind 数据库。

6.2.3 变量定义

1. 地区市场竞争环境指标的测度与自变量设定

地区管资本政策。本书参照中国财政科学研究院国有企业改革评价及国有企业改革指数课题组（2018）关于"国有企业改革评价及国有企业改革指数"的评价方式，选择对管资本改革的三个重点内容进行定性度量。第一，国有企业改革政策的制定和执行情况，包括五个评价标准并按照五档打分：A（很差，20 分），表示按照中央要求零散出台改革制度；B（较差，40 分），表示仅按照中央要求出台分散、简单的改革制度；C（一般，60 分），表示出台相关改革制度体系，系统性和完整性不足；D（较好，80 分），表示出台系列改革制度，系统性强，完整性好，能够推动整体改革实施；E（很好，100 分），表示出台系列改革制度，系统性强，完整性好，在全国改革中有引领作用，在其他地区政策中都属前列。第二，国有企业管理改革进展情况，具体有"两类公司"试点推进情况；建设规范董事会试点及引入外部独立董事制度，推行职业经理人制度；实行管理层技术骨干股权激励和推进员工持股计划情况。包括五个评价标准并按照五档打分：A（很差，20 分），表示上述三项改革都没有有效开展，没有取得成果；B（较差，40 分），表示至少有一项改革正在实施，而且取得了一些成果；C（一般，60 分），表示三项改革都正在实施，而且取得了一些成果；D（较好，80 分），表示三项改革都在实施，而且成果显著；E（很好，100 分），表示成功完成试点并推动全区域实施。根据某个定性指标的调查结果得到相应的分值。定性指标经过分析处理之后也可以进行定量分析。

地区市场化环境。本书参考樊纲和王小鲁主持的"中国各地区市场化相对进程研究"中所确定的分省份市场化总指数。该总指数对各地区市场化改革进程进行了总体度量，包括政府与市场的关系、非国有经济的发展、产品市场竞争、要素市场发展及法律制度环节五个方面。这些地区市场化总指数和单项指数在一定程度上刻画了影响管资本导向下基于流动性的国有企业资本运营的市场环境因素，并在实证中得到了应用（夏立军、陈信元，2007；荆新等，2007）。但是，该指数最新数据截至 2014 年，无法衡量最近三年的市场化环境，因此，本书采用了单一指标来衡量市场化环境。其中，地方政府对经济的干预程度涉及国有企业政策负担水平，主要度量了冗员负担，因此，本书以国有企业超额雇员工资额（$Salaries$）来度量，即以地区国有企业人均工资与地方平均工资差额来进行测量。要素市场发展水平涉及的地区金融发展水平（$Finance$），以地区金融业增加值占地区 GDP 比重来测量。

地区宏观经济环境。参考 Zinnes et al.（2001）关于宏观经济的计算标准，选择地区对外依存度（$Im \& Ex$），即地区进出口额占地区 GDP 比重来测量地区宏观经济水平。

地区产业结构。本书参考赵昌文等（2018）设置重化工业行业指数。主观上将一些需要大量资本投入的重工业和化学工业都界定为重化工业，并构造了重化工业指数。本书用地区重化工业上市国有企业总资产与地区 GDP 比值表示重化工行业指数（$HChemical$）。

2. 地区管资本导向下基于流动性的国有企业资本运营相关指标的测度与自变量设定

国有资产资本化率，就是依托资本市场而实现国有资产转化为国有资本的比率，在一定程度上反映了国有资本形态转换的效率（文宗瑜，2018）。参考文宗瑜（2018）国有资产资本化率指标的量化方式，本书使用国有企业资本化率这一概念来反映管资本导向下基于流动性的国有企业资本运营程度。使用国有企业的资产净值当中交易性、转让性、可变现性高的资产占总资产（或宏观经济总产值）的比例，就是国有企业资本化率来度量管资本导向下基于流动性的国有企业资本运营程度。

就具有交易性的国有资本而言，国有资本参与的上市公司大多经历了公司化、股权多元化（混合所有制）以及公开发行股票上市证券化等过程，在这一资本运营过程中，国有资产和其他所有制资本有效结合，形成了一种更加多元化、公众化、社会化的企业形态。国有股东依托资本市场将国有资产转化为可以在资本市场自由交易的、股权交易流动性较高的国有资本。因此，国有股东持有的上市公司国有股权是国有资产中交易性、转让性和可变现性最高的资产，是流动性较高的国有资本。

同时，考虑到数据的可得性和准确性，本书还参考资本市场惯例用于衡量地区资本市场发展水平的"资产证券化率"的计算方式来衡量地区国有企业的资产证券化率，即用地区国有控股上市公司总市值与地区 GDP 的比值来度量针对地区宏观经济的国有企业资本化率（$GDCapital$），用该指标来度量地区管资本导向下基于流动性的国有企业资本运营程度。本书还以地区国有控股上市公司绩效指标来度量地区实现资本运营的国有企业的绩效（$GDPerformance$），地区资本运营的国有企业绩效为地区国有控股上市公司利润总额与地区 GDP 比值。

3. 控制变量

本书使用了国有企业工商注册所在地的地级市的 GDP 总量来控制本地经济总体规模的影响，并使用该地级市的人均 GDP 水平 IGDP 来控制当地经济发展水平的影响[①]。

各变量定义详见表 6-1。

表 6-1 变量定义

变量	变量名	变量符号	变量定义
因变量	地区宏观经济的国有企业资本化率	$DGCapital$	地区宏观经济的国有企业资本化率为地区国有控股上市公司总市值与地区 GDP 的比值
	地区资本运营的国有企业绩效	$DGPerformance$	地区资本运营的国有企业绩效为地区国有控股上市公司利润总额与地区 GDP 的比值

---

① 地区经济总量与地区经济发展水平都使用了省级的 GDP 平减指数来消除通货膨胀的影响。

续表6-1

变量	变量名	变量符号	变量定义
自变量	管资本政策	$Policy$	根据国有企业改革定性指标的调查结果得到相应的分值，分为 A、B、C、D、E 五档并分别赋予分值，A 为 0 分，B 为 1 分，C 为 2 分，D 为 3 分，E 为 4 分
	国有企业超额雇员工资额	$Salaries$	国有企业超额雇员工资额为地区国有企业人均工资与地区平均工资差额
	地区金融发展水平	$Finance$	地区金融发展水平为地区金融业增加值占地区 GDP 的比重
	地区对外依存度	$Im\&Ex$	地区对外依存度为地区进出口额与地区 GDP 的比值
	重化工行业指数	$HChemical$	重化工行业指数为地区重化工业上市国有企业总资产与地区 GDP 的比值
控制变量	地区 GDP	GDP	地区国内生产总值
	地区人均 GDP	$IGDP$	地区人均国内生产总值
替代变量	东部沿海地区金融发展水平	$COAS$	若地区位于东部，$COAS=0$；若地区位于西部，$COAS=1$

6.2.4 模型的设定

本书使用方程（6-1）作为回归模型。

$$Y_{it} = \beta_0 + \sum_{k=1}^{K} \beta_k X_{kit} + \sum_{j=1}^{J} \beta_j Control_{jit} + \lambda_t + \varepsilon_{it} \quad (6-1)$$

其中，因变量 Y_{it} 是地区宏观经济的国有企业资本化率和地区资本运营的国有企业绩效测量指标，自变量 X_{kit} 分别是地区市场竞争环境指标，$Control_{jit}$ 是控制变量指标，λ_t 是时间固定效应，ε_{it} 是随机误差项；k 是自变量个数，j 是控制变量个数，i 为公司个数；t 为年份。

考虑到可能出现的反向因果关系，本书在固定效应模型基础上将每一个主要影响因素取滞后一期，以减轻内生性问题带来的影响，于是，滞后一期的模型为：

$$Y_{it} = \beta_0 + \sum_{k=1}^{K} \beta_k X_{ki(t-1)} + \sum_{j=1}^{J} \beta_j Control_{jit} + \lambda_t + \varepsilon_{it} \quad (6-2)$$

本书使用的是面板数据，其中 λ_t 代表不因截面变化但随时间变化的非观测因素，对于这类特异性误差固定效应模型能够减轻内生性问题所带来的影响。在稳健性检验中，企业固定效应模型的结果表明，误差项不随时间变化，因此，采用固定效应模型减轻内生性问题影响是合适的。综合考虑，为了保证既能尽量避免潜在的内生性问题，又能估计出所有我们感兴趣的变量的影响，为后面的因素分解奠定基础，本书仍然采用滞后一期的结果。

6.3 实证结果与分析

6.3.1 主要变量描述性统计

表6-2报告了样本主要变量的描述性统计结果。因变量地区宏观经济的国有企业资本化率（$DGCapital$）平均为13.80%，地区资本运营的国有企业绩效（$DGPerformance$）平均为8.90%。自变量中，反映地区管资本政策的指标（$Policy$）平均为0.64；反映地区政府政策负担的国有企业超额雇员工资额指标（$Salaries$）平均为3389.79；反映要素市场发展水平的地区金融发展水平指标（$Finance$）平均为4.90%；反映对外依存度的指标（$Im\&Ex$）平均为31.80%；反映地区产业结构水平的重化工行业指数（$HChemical$）平均为7.50%。

表6-2 主要变量的描述性统计

变量名	样本量	均值	标准差	最小值	最大值
$DGCapital$	434	0.138	0.129	0.001	0.761
$DGPerformance$	434	0.089	0.915	0.000	0.626
$Policy$	434	0.636	1.031	0.000	4.000
$Salaries$	434	3389.793	4776.200	−6565.000	35738.000
$Finance$	434	0.049	0.028	0.006	0.171
$Im\&Ex$	434	0.318	0.393	0.032	1.721
$HChemical$	434	0.075	0.091	0.000	0.576
GDP	434	13996.420	13910.260	185.090	80854.910
IGDP	434	32946.520	22772.760	3701.000	118198.00
COAS	434	0.355	0.479	0.000	1.000

6.3.2 地区市场竞争环境对管资本导向下基于流动性的国有企业资本运营的回归结果及分析

根据回归方程（6-2），表6-3给出了市场环境因素对地区国有企业资本化率和资本运营的国有企业绩效回归结果。其中5个影响因素指标得出最小二乘法计算结果。

表6-3 市场环境因素对地区国有企业资本化率和资本运营的国有企业绩效回归结果

变量	$DGCapital$	$DGPerformance$
$Policy$	0.251***	0.113***
	(4.153)	(2.590)
$Salaries$	−0.000*	−0.000**
	(−1.694)	(−1.990)
$Finance$	0.383	0.084
	(1.563)	(0.469)
$Im\&Ex$	0.0962***	0.0779***
	(7.069)	(7.885)
$HChemical$	0.874***	0.672***
	(21.040)	(22.310)
GDP	−0.000***	−0.000**
	(−5.532)	(−2.291)
$IGDP$	0.000	0.000
	(1.502)	(1.197)
$\_cons$	0.0305***	0.009
	(3.475)	(1.485)
N	434	434
R^2	0.672	0.658

注:"***""**"分别表示在1%、5%的置信水平下显著。

从表6-3中可以得到以下结论:

就地区管资本政策而言,表现企业所有者监督和控制企业管理者的法规和制度框架的指标($Policy$)对于地区宏观经济的国有企业资本化率的影响主要是正向的,且在5%的置信水平下显著,即管资本的政策制定和执行方面推进较弱的地区,国有企业资本运营程度和绩效水平也越难获得提升,但随着政策的日益完善,政策因素对地区宏观经济的国有企业资本化率的影响也日益显著。这符合 Zinnes et al.(2001)文献中关于企业所有者政策制度对于国有企业改革重要性的论点,也符合陈清泰等一系列关于管资本推进企业绩效改善的论点。由于本轮按照管资本的国有资产管理机制，结合国务院《关于推进国有资本投资、运营公司改革试点的实施意见》（2018）的主要精神，在管资本体制下将进一步构建起国家所有权机构—国有资本投资运营机构—混合所有制公司的以股权为纽带的国有企业运营架构，特别是国有资本投资运营机构及其相应实施的董事会试点、股权激励试点等系列制度，使得国有资本投资运营机构作为主要出资人或出资人代表，必须按照现代企业制度行使其出资人权利，政府不得随意干预企业的日常生产经营活动。国有资本投资运营机构只能通过选派产权代表、参加股东大会等方式行使产权管理权，不能进行直接干预。同时，政府需要将国有资本按照功能分成不同的类别，采用不同的管理方式，使得不同功能的国有资本都保持资本的基本属性，结合不同企业的功能和特点，加快推进国有企业分类监管、调整、考核与治理，提高国有企业监管的针对性和准确性。近年来，从上至下推动的改革方案都需要基于地区的国有经济实践背景，从管理体制改革、治理结构完善、分类管理等角度开展顶层系统性设计，并从改革试点起步推广拓展落地程度。改革方案的完备程度和改革试点的推进程度，极大影响管资本导向下基于流动性的国有企业资本运营的程度和绩效。

就地区市场化环境而言，国有企业超额雇员工资额（$Salaries$）对地区宏观经济的国有企业资本化率和国有企业绩效的影响主要是1%的置信水平下负向显著，地区金融发展水平指标（$Finance$）对于地区宏观经济的国有企业资本化率和国有企业绩效的影响主要是10%的置信水平下正向显著。这与Boycko et al.(1996)、Guo & Yao（2005）的论点一致，即在市场化程度较高的地区，政府没有地区财政和就业诉求，企业独立性高，政府干预程度较低，企业具有更多自由度参与市场竞争，从而更加灵活地参与资本运营，同时在市场化程度较高的地区，竞争性的产品和要素市场作为一种激励约束机制，政府对企业的行政保护和支持力度较低，考验企业的生存能力，给管理者造成极大的外在压力。资本运营程度的增加效应和减少效应相互抵消，使得随着资本运营程度加深，国有企业运营机制不灵活及市场参与度低的问题进一步凸显，掣肘资本运营的进一步推进。

就政策性负担而言，其对于地区宏观经济的国有企业资本化率的影响主要是负向的，且在统计上显著。数据显示，与非国有企业相比，国有企业薪酬制度的市场化水平仍然较低，甚至在一定程度上存在同样的产出值却雇佣更多劳动力的现象，而这种薪酬水平不利于资产证券化水平的提升，与资产证券化率成负向不显著的关联关系，使得企业失去持续发展动力，对企业绩效的影响仍是负面的。

就金融化程度而言,对于地区宏观经济的国有企业资本化率的影响主要为正向显著。这与Mitton(2006)、Boubakri et al.(2005)理论结论相一致,资本市场的繁荣能够为企业提供更好的发展环境,降低资金占用成本,有利于推动资产股权多元化和企业上市,因此地区金融自由化程度越高,金融市场发展水平越高,从而显著提升资产证券化率。

就地区宏观经济环境而言,地区对外依存度($Im \& Ex$)对地区宏观经济的国有企业资本化率的影响主要是1%的置信水平下正向显著,即对外开放程度越高的地区,管资本导向下基于流动性的国有企业资本运营程度和国有企业绩效水平也更高。对外开放给国有企业带来新的市场机会,参与国际化业务竞争有利于企业提升管理水平,开拓资本运营深度,对外开放程度越高,越容易推动企业深化资本运营程度;对外开放的市场机会和竞争压力促使企业引入先进的设备、技术、工艺及管理方式,提高了企业的整体效率。另外,开放对改善国有企业财务绩效有积极作用,但是反映了国有企业进口背后的机会成本,即国有企业自身生产经营资源没有得到更加有效的利用。国有企业对外依存度的影响显著为负,这与之前相关研究的结论相符(李春顶等,2009、2010)。不同的是,解释这种悖论时,或者归因于劳动密集型产业的特殊性,或者归因于外商直接投资企业的特殊性,或者归因于出口加工行业的特殊性。出口竞争有利于国有企业经营能力和财务效益的改善。外资竞争对国有企业生产效率和财务效益的影响主要是负面的。

就地区产业结构而言,重化工行业指数($HChemical$)对于地区宏观经济的国有企业资本化率的影响主要是1%的置信水平下正向显著,且在统计上显著,即重化工行业偏大的地区,管资本导向下基于流动性的国有企业资本运营程度和国有企业绩效水平也更高。根据《关于深化国有企业改革的指导意见》(2015)的分类类别,重化工行业上市公司大多是处于关系国家安全、国民经济命脉的重要行业和关键领域、主要承担重大专项任务,以及处于自然垄断行业的商业类国有企业。非重化工行业上市公司大多是处于竞争行业和领域的商业类国有企业。重化工行业上市公司效率指标更好,这表明过去十多年的重化工业发展对我国国有企业资本运营程度和国有企业绩效都有显著提升作用,使得重化工业程度与地区宏观经济的国有企业资本化率和国有企业绩效正向显著相关。与此同时,这种行业发展机会对商业类国有企业的财务指标表现并不利好,可能反映了重化工行业整体财务绩效并不如竞争性行业向好。国有企业占主导地位的重化工行业的行业净资产收益率显著低于包括所有行业在内的平均净资产收益率,如电力、煤气和公用事业行业。对于石油、通信等自然垄断行业,尽管国有企业获得的利润总额很高,但这些行业的净资产收益率却并不很高。综合来看,我国过去十多年来的重化工业进程使得重化工业商业类国有企业绩效提升相对更加显著,但是财务绩效增长缓慢,竞争性行业商业类国有企业反之。

6.3.3 稳健性检验

以是否处于东部沿海地区作为地区制度环境的替代变量。我国地区发展不均衡,相对来说东部沿海地区经济发展、制度建设方面好于中西部。为此,本书又以样本公司所属地区的区域位置作为地区制度环境的另一个替代变量,将处于东部沿海地区的样本公司划分为制度环境强组,处于西部内陆地区样本公司划分为制度环境弱组重新检验,表 6-4 为检验结果。

表 6-4 东部沿海地区和西部内陆地区对地区宏观经济的国有企业资本化率回归结果的比较

自变量	$DGCapital$		$DGPerformance$	
	$COAS=0$	$COAS=1$	$COAS=0$	$COAS=1$
$Salaries$	0.000**	-0.000***	-0.000	-0.000
	(2.192)	(-4.583)	(-0.447)	(-1.203)
$Finance$	0.174	1.774***	-0.480***	0.361**
	(1.592)	(5.233)	(-3.413)	(2.278)
$Im\&Ex$	0.064**	-0.029	0.123***	0.014
	(2.036)	(-1.204)	(3.065)	(1.283)
$HChemical$	0.921***	0.993***	0.570***	1.440***
	(3.778)	(3.413)	(5.044)	(-0.293)
N	280	154	280	154
R^2	0.917	0.536	0.698	0.818

注:$COAS=0$ 表示处于中西部地区,$COAS=1$ 表示处于东部沿海地区。
"***""**"分别表示在1%、5%的置信水平下显著。

结果表明,东部地区金融发展水平、重化工行业指数对地区宏观经济国有企业资本化率的影响比西部地区更大。中西部政策负担水平对地区宏观经济的国有企业资本化率的影响比东部地区更大。当我们把是否处于东部沿海作为虚拟变量加入模型后,结果表明,东部地区比中西部地区宏观经济的国有企业资本化率及国有企业绩效要高,且在1%置信水平下显著。

我们还进行了以下稳健性检验。①OLS估计修正。考虑到潜在的异方差会对结果带来影响,我们对模型做了异方差检验,结果表明P值小于0.01,说明在99%的置信水平下,模型存在异方差问题。因此为了消除异方差的影响,本书用White异方差一致协方差估计。检验结果表明去除异方差影响后,地区宏观经济的国有企业资本化率的回归结果不变,但管资本政策、地区金融发展水平对国有企业绩效的影响变得不显著。②多重共线性。我们使用"方差扩大因子(VIF)检验"对OLS模型进行了多重共线性检验。结果表明所有变量的VIF值都小于10,因此我们认为模型不存在多重共线性问题。③内生性问题。我们还尝试了企业的固定效应模型,用于检验那些随着时间有变化或者变化很大的因素的影响,但是这些因素的影响变化不大。我们还采用固定效应配合自变量滞后一期、一阶差分等估计方法,除了某些控制变量,大部分变量的估计结果都与前述滞后一期的情况一致。而在国有企业绩效的影响因素中,管资本政策、国有企业超额雇员工资额、地区金融发展水平变得不显著。

以上结果表明,我们对表6-3得出的有关资本化率的回归结果稳定,而有关资本运营国有企业绩效的回归稳定性较弱。

6.3.4　因素分解

影响地区宏观经济的国有企业资本化率和资本运营的国有企业绩效的因素很多,我们进一步研究影响因素的重要程度,即哪些因素可以更好地解释地区宏观经济的国有企业资本化率和资本运营的国有企业绩效的差异。为此,本书依据上述回归分析采用Shapley & Owen拟合优度分解方法(Huettner & Sunder,2012),将不同影响因素在可解释部分R^2中的作用进行分解形成一个百分比。这个百分比的含义是,在可以解释的地区宏观经济的国有企业资本化率和资本运营的国有企业绩效中,每一个影响因素的影响程度占比。虽然同样的因素对不同资本运营指标的影响方向大多数情况下是一致的,但是影响的程度会有很大差别,相应的结果见表6-5。

表6-5 地区宏观经济的国有企业资本化率和国有企业绩效影响因素分解

变量	DGCapital	DGCapital 的分解（%）	DGPerformance	DGPerformance 的分解（%）
Policy	0.039***	2.769	0.022**	1.298
	(3.004)		(2.273)	
Salaries	−0.000*	2.684	−0.000**	1.756
	(−1.826)		(−2.014)	
Finance	0.533**	19.421	0.177	13.800
	(2.471)		(1.126)	
Im & Ex	0.084***	9.324	0.076***	12.781
	(6.711)		(8.325)	
HChemical	0.870***	65.802	0.671***	70.365
	(21.031)		(22.263)	
_cons	0.037***		0.011*	
	(4.066)		(1.730)	
N	434		434	
R^2	0.674		0.658	

从表6-5中，首先我们可以发现，国有企业改革政策对地区宏观经济的国有企业资本化率的影响占比2.77%，对地区资本运营的国有企业绩效的影响占比1.30%，这意味着管资本导向下基于流动性的国有企业资本运营过程中，政策因素有一定作用，但不是最主要的影响因素。改革方案的顶层设计、落地实施到推广应用都需要一个循序渐进的过程，而且政府政策在企业改革中扮演更多引导、指导角色，对国有企业资本运营有一定影响，但影响不是最大的。

其次，地区市场化环境，特别是地区金融发展水平对地区宏观经济的国有企业资本化率的影响占比19.42%，对地区资本运营的国有企业绩效的影响占比13.80%。这意味着地区金融化程度、资本市场繁荣程度对资本运营水平的提升有着比较重要的影响。地区金融自由化程度越高，金融市场发展水平越好，越能够显著提升管资本导向下基于流动性的国有企业资本运营水平。

再次，地区对外依存度对地区宏观经济的国有企业资本化率的影响占比9.32%，对地区资本运营的国有企业绩效的影响占比12.78%，仅次于地区市场化环境，表明进出口水平对国有企业绩效有着较为重要的影响。

最后，行业周期对地区宏观经济的国有企业资本化率的影响占比65.80%，对地区资本运营的国有企业绩效的影响占比70.37%。说明重化工业周期对国有企业绩效有着最为重要的影响。随着重化工业发展黄金时期的结束，国有企业发展将会面临更大调整。

总体而言，上述因素对地区宏观经济的国有企业资本化率和绩效的影响方向基本是相似的，在相对重要性方面，重化工行业指数和地区金融发展水平影响更为重要。

6.4　实证结论与建议

管资本导向下基于流动性的国有企业资本运营过程中，宏观经济活动和政策即市场竞争环境影响股权交易流动效果的发挥。本书使用地区宏观经济活动和政策指标对影响国有企业资本运营的多方面因素进行考察，以2003—2016年全国31个省市A股国有控股上市公司为研究对象，考察了地区国有企业改革政策、市场化环境、宏观经济环境以及产业结构对地区宏观经济的国有企业资本化率和资本运营绩效的影响，并通过因素分解得到各个因素影响程度的占比情况。

回归结果显示，国有企业所处的地区宏观政策和市场环境显著影响国有企业资本证券化程度和绩效。地区国有企业改革方案越完备和改革试点的推进程度越有效，越有助于提升国有企业资本运营的程度和绩效；地区市场化水平越高，地方政府对企业干预程度越低，要素市场，特别是资本市场及金融市场越活跃，地区国有企业资本运营的程度和绩效越好；地区宏观经济环境处于上升趋势，贸易自由化程度越高，越有利于提升地区宏观经济的国有企业资本化率和绩效；我国国有企业大多处于重化工行业以及过去十几年的投资拉动周期，使得重化工产业越发达地区国有企业资本运营程度和绩效越好。

从影响因素分解的结果看，对于地区宏观经济的国有企业资本化率的影响，政策占2.77%，市场化环境占22.10%，宏观经济环境占9.32%，行业周期占65.81%；对于地区资本运营的国有企业绩效的影响，政策占1.30%，市场化环境占15.56%，宏观经济环境占12.78%，行业周期占70.37%。

针对以为一系列情况，我们提出如下政策建议：首先，完善和落实国有企业改革政策。本轮深化国有企业改革更注重顶层设计，提升地方政策的系统性，还要加快政策文件的推进落地水平。其次，构建一系列的制度体系以避免外在干预；完善资本市场及金融体制的配套改革；加强法制建设，特别是投资者法律保护。再次，提升经济发展水平和对外开放度，不断提升国有企业在全球产业分工和价值链中的地位。最后，提高行业产品竞争度。在供给侧高质量改革发展阶段，国有企业必须把创新作为提升效率和效益的根本因素。

7 结论、政策建议与展望

7.1 总体结论

本书基于公司金融理论,尝试从国有企业出资者如何配置产权结构、治理机制等金融安排来解决委托—代理问题,从而确保国有股东的出资能够获得最大回报这一视角,构建一个关于管资本导向下基于流动性的国有企业资本运营的分析框架,阐述管资本导向下基于流动性的国有企业资本运营内涵、结构以及对国有企业绩效的作用机制和作用效果,并采用国有上市公司经验数据对管资本导向下基于流动性的国有企业资本运营理论分析框架进行实证检验。

第一,明确管资本导向下基于流动性的国有企业资本运营的概念。管资本导向下基于流动性的国有企业资本运营是国资国有企业改革转入以管资本为主的新阶段后,学术界和决策层关注的一个核心概念(陈清泰,2012、2013、2015、2017、2018;赵昌文,2013;邵宁,2014;文宗瑜,2018)。在梳理相关文献的基础上,本书基于公司金融理论强调股权交易流动影响企业绩效的传统,结合国有企业改革40年来的丰富实践经验,将管资本导向下基于流动性的国有企业资本运营界定为国有资产实现形式的转化过程,是从产权不具有流动性的全民所有制企业转变为股权可交易的公司制企业,从国有独资公司转变为含有各类所有制性质的股权多元化公司,从低流动性非上市公司转变为高流动性上市公司,(产权交易)流动性不断提升的过程,其本质是流动性的赋予和解放。换言之,只要相关国有企业改革发展措施有助于提升国有企业(产权交易)流动性,就可以将其理解为管资本导向下基于流动性的国有企业资本运营程度的提升。

第二,(产权交易)流动性是管资本导向下基于流动性的国有企业资本运营的本质,从流动性角度将管资本导向下基于流动性的国有企业资本运营分为三类。相对于管资产,管资本导向下基于流动性的国有企业资本运营的最本质特征在于:国有企业资本运营后,国有企业产权具备了可交易性和不断增强资本流动性，使后续的国有企业可以通过股份制改造、股权多元化、上市证券化等形式进行产权结构的优化调整，通过资本市场实现国有资本有进有退和战略布局调整，提高资本创造价值的能力。根据流动性的高低，可将管资本导向下基于流动性的国有企业资本运营依次分为三类：（全民所有制企业）公司化、（公司制国有企业）股权多元化和（股权多元化企业）证券化。从国有企业的产权交易流动的空间和时间维度来看，证券化后的国有资本流动性更高，股权多元化次之，公司化最低。从适用性看，则是公司化最高，股权多元化次之，证券化最低。

第三，基于流动性的资本运营对国有企业绩效的影响机制。国有企业并不是为了资本运营而资本运营，驱动管资本导向下基于流动性的国有企业资本运营的关键在于资本运营可以经由产权效应、治理效应、竞争效应、松绑效应和资本再配置效应等渠道提升国有企业经营绩效和国有资本回报水平。

第四，实证检验消极型监督者的股权交易流动与国有企业绩效的关系。本书以2006年至2017年间A股国有上市公司为样本，研究发现以消极型监督者为主的股权交易流动性越强，流动性通过作用于产权结构、公司治理、市场竞争、政企松绑和资本再配置等机制提升企业绩效，使着眼于长期的股东受益。

第五，实证检验积极型监督者的股权交易流动与国有企业绩效的关系。本书运用公司金融的股权集中和股权制衡理论进行实证检验，发现鉴于监管限制，国有股东及相关大股东股权通常缺乏流动性，但是管资本导向下基于流动性的国有企业资本运营过程中，股权不断交易流动，国有产权和非国有产权混合比例不断调整，从而形成有效的股权集中结构和股权制衡机制，有利于企业绩效；同时，在渐进式转轨背景下，国有股东控股公司中引入大宗股份、积极监督的非国有股东，企业内部形成有效制衡机制，表现出更优的企业绩效。

第六，实证检验宏观经济政策和环境与管资本导向下基于流动性的国有企业资本运营的关系。国有企业资本运营过程中，宏观经济政策和环境即市场竞争环境影响股权交易流动效果的发挥。本书使用地区宏观经济活动和政策指标对影响国有企业资本运营的多方面因素进行考察。实证结果显示，国有企业所处的地区政策和市场环境显著影响国有企业资本证券化程度和绩效。

7.2 政策建议

第一,加快推进管资本导向下基于流动性的国有企业资本运营改革,构建管资本的微观基础,推动国资管理对象由实物形态的国有企业向价值形态的国有资本转变。实现管资本导向下基于流动性的国有企业资本运营,针对主业处于充分竞争行业和领域、处于关系国家安全、国民经济命脉的重要行业和关键领域、主要承担重大专项任务,以及处于自然垄断行业的商业类国有企业,要以现代产权制度为核心,通过对这些国有企业进行公司制和股份制改造,将国家对国有企业投入的整体资产(实物资产、自然资源的所有权或使用权)转化为可分割的、多元化的国有资本产权进行管理,实现国有企业产权结构由单一走向多元,国家从管控、拥有国有企业,转变成对国有资本的管理以及运营。依托产权交易市场及证券市场等金融中介,通过资本的流动实现存量重组和增量优化,进一步完善公司治理结构和机制,从而提升国有企业绩效,进而最终提升整体国有经济价值。

第二,提高国有企业消极型监督者股权交易的流动性,促进提高国有企业绩效。一是通过国有企业股权交易(特别是消极型监督者的股权交易)的流动,进一步给管理层形成外部激励和约束压力,从而改善公司治理结构,优化产权结构,在市场体系当中实现平等竞争并优胜劣汰,国有经济有进有退优化资源配置。二是要提高消极型监督者(投机型股东)为主的股权交易流动性,就要打通国有企业股权的退出通道,从时间和空间维度提高股权交易的流动性,允许各种所有制性质股东参与国有股权交易,提高交易效率。三是股权交易的监管者(国资委、证监会等监管机构)要进一步强化上市公司信息披露机制、产权保护机制、中小投资者维护机制等,为市场流动性创造良好的制度环境。

第三,国有企业积极型监督者通过股权交易流动形成有效的股权集中结构和股权制衡机制,积极管理企业管理层的道德风险问题,促进国有企业绩效的提升。一是通过股权交易流动形成股权制衡有利于提升国有企业绩效。股权制衡对于公司绩效是有利的,股权制衡度越高,公司绩效越好。同时,对于国有企业而言,不管制衡股东国有还是非国有身份,股权制衡都有利于国有控股企业绩效,其中非国有制衡股东绩效表现更好。二是通过股权交易流动适度控制第一大股东持股比例有利于企业绩效。在混合所有制国有企业中,在保证国有控股地位的前提下,适度引入大宗股份、积极股东的非国有资本,有利于国有企业绩效。三是通过股权交易流动形成国有股东控股和非国有股东制衡的混合股权结构有利于企业绩效。国有资本中积极引入非国有积极股东，非国有资本和国有资本形成合力，更加激发国有控股股东的活力，撬动更大规模的社会资本，对国有资本形成制衡从而改善国有企业技术效率。

第四，改善地区市场竞争环境。在转轨过程中，我国管资本导向下基于流动性的国有企业资本运营既要关注产权的转移，也要注重相关制度环境的建设与完善，以实现国有企业资本运营改革最大效率的提升。一是完善和落实国有企业改革政策。本轮深化国有企业改革更注重顶层设计，提升地方政策的系统性，同时要加快政策文件的落地推进。二是构建一系列的规制，避免外界的过度干预；建立和完善资本市场及金融体制的配套改革；加强法制建设，特别是投资者的相关法律保护。三是提升经济发展水平和对外开放度，不断提升国有企业在全球产业分工和价值链中的地位。最后，提升行业产品竞争度。在供给侧高质量改革发展阶段，国有企业通过创新培养核心竞争力是提升企业绩效的重要路径。

7.3　研究局限与展望

第一，与其他非国有资本相比，国有资本具有控制性、引导性等特征，以管资本为主进行国有资本管理有利于充分发挥流动性价值，从而控制和影响整体国有资本的发展方向。本书侧重于对个体国有企业绩效进行研究，得出国有资本运营管理模式有利于推动个体企业绩效的改善，至于国有资本的流动性管理是否有利于推动国有资本整体绩效的提升仍有待研究。

第二，本书侧重研究管资本导向下基于流动性的国有企业资本运营，对国有资产管理体制改革、国有经济的公共性等问题没有深入，这些也是影响国有企业发展的重要因素。

第三，我国管资本导向下基于流动性的国有企业资本运营改制耗时较长，企业资料数据获取难度较大，有待于寻找企业样本数据，针对企业股权交易流动性对企业绩效进行研究，从而验证三种形式国有企业资本运营对企业绩效的动态影响和流动性影响。

参考文献

安烨，钟廷勇，2011. 股权集中度、股权制衡与公司绩效关联性研究——基于中国制造业上市公司的实证分析 [J]. 东北师大学报（哲学社会科学版）(6)：46-52.

贝克奥伊，2004. 会计理论 [M]. 钱逢胜，等译. 上海：上海财经大学出版社.

蔡北华，徐之河，1983. 经济大辞典 [M]. 上海：上海辞书出版社.

曹裕，陈晓红，万光羽，2010. 控制权、现金流权与公司价值——基于企业生命周期的视角 [J]. 中国管理科学（3）：185-192.

陈德萍，陈永圣，2011. 股权集中度、股权制衡度与公司绩效关系研究——2007—2009 年中小企业板块的实证检验 [J]. 会计研究（1）：38-43.

陈冬华，齐祥芹，2010. 地区制度环境与部分民营化绩效——来自我国上市公司的经验证据 [J]. 当代会计评论，3（1）：36-66.

陈乾坤，卞曰瑭，2015. 股权制衡、代理成本与企业绩效——基于我国 A 股民营上市公司的实证分析 [J]. 科学决策（5）：74-92.

陈清泰，2015. 国资改革十一问 [J]. 中国经济报告（4）：26-30.

陈清泰，2016. 资本化是国有企业改革的突破口 [J]. 中国金融（4）：17-20.

陈石进，1986. 财务分析技巧 [M]. 香港：香港财经管理研究社.

陈维政，赵昌文，2000. 国有企业产权重组：几个重要理论问题的辨析 [J]. 中国工业经济（6）：59-62.

陈晓，江东，2000. 股权多元化、公司业绩与行业竞争性 [J]. 经济研究（8）：28-35+80.

陈信元，陈冬华，朱凯，2004. 股权结构与公司业绩：文献回顾与未来研究方向 [J]. 中国会计与财务研究（4）：1-47.

陈信元，汪辉，2004. 股东制衡与公司价值：模型及经验证据 [J]. 数量经济技术经济研究，21（11）：102-110.

陈勇兵，仉荣，曹亮，2012. 中间品进口会促进企业生产率增长吗——基于中国有企业业微观数据的分析 [J]. 财贸经济（3）：76-86.

陈志武，2007. 资本化的奥秘是什么？[J]. 国际融资（7）：24-29.

陈志武，2012. 从"钱化"和资本化看流动性问题 [A]. 北京大学国家发展研究院. 2012 年夏季 CMRC 中国经济观察（总第 30 期）[C]. 北京大学国家发展研究院：北京大学国家发展研究院：2.

戴璐，2007. 国有上市公司民营化的治理与产业重组效应——基于公司民营化程度的比较［J］. 审计与经济研究（3）：108－112.

樊纲，2007. 承接东部产业转移并不丢人［J］. 中国城市经济（12）：93.

方舟，倪玉娟，庄金良，2011. 货币政策冲击对股票市场流动性的影响——基于 Markov 区制转换 VAR 模型的实证研究［J］. 金融研究（7）：43－56.

干胜道，1995. 所有者财务：一个全新的领域［J］. 会计研究（6）：17－19.

干胜道，1999. 论国有资本与财务管理［J］. 财贸研究（1）：48－51.

高一文，2014. 流动性、资本结构与公司绩效研究——基于扩展 C. Cobb-P. Douglas 生产函数的实证分析［J］. 财会通讯（24）：51－54.

葛家澍，2005. 资产概念的本质、定义与特征［J］. 经济学动态（5）：8－12.

葛家澍，黄世忠，1996. 市场经济下会计基本理论与方法研究［M］. 北京：中国财政经济出版社.

古志辉，蔡方，2005. 中国 1978—2002 年的财政压力与经济转轨：理论与实证［J］. 管理世界（7）：5－15.

郭复初，1991. 论国家财务［J］. 财经科学（3）：36－39.

郭复初，1997. 试论财务的产生与发展［J］. 四川会计（6）：3－6.

郭复初，1988. 社会主义财务的三个层次［J］. 财经科学（3）：21－24.

郭复初，2002. 开创国有资本管理的新局面［J］. 上海会计（11）：27－29.

郭复初，2015. 中国特色财务理论的发展［J］. 财务研究（6）：3－16.

郭复初，2018. 新时代国家财务理论发展与实践创新——兼谈国有资本经营预算应由国资委管理的理论依据［J］. 财会月刊（13）：3－8.

郭复初，吴树畅，2003. 建立"两级三层"新型国有资产管理体制的构想［J］. 财会通讯（6）：19－20.

郝云宏，汪茜，2015. 混合所有制企业股权制衡机制研究——基于"鄂武商控制权之争"的案例解析［J］. 中国工业经济（3）：148－160.

亨德里克森，1992. 会计原理［M］. 王澹如，陈今池，译. 上海：立信会计出版社.

胡吉祥，2011. 国有企业上市对绩效的影响：一种处理效应方法［C］//北京大学国家发展研究院经济学（季刊）第 10 卷第 3 期. 北京：北京大学国家发展研究院：24.

胡一帆，宋敏，张俊喜，2006. 中国国有企业民营化绩效研究［J］. 经济研究（7）：49－60.

黄群慧，余菁，贺俊，2015. 新时期国有经济管理新体制初探［J］. 天津社会科学（1）：114－121.

黄小花，涂光华，1999. 出资者财务监督与国有企业资本化管理［J］. 企业改革与管理（12）：12－13.

黄渝祥，孙艳，邵颖红，等，2003. 股权制衡与公司治理研究［J］. 同济大学学报（自然科学版），31（9）：1102－1105＋1116.

蒋一苇，唐丰义，1991. 论国有资产的价值化管理 [J]. 经济研究 (2)：3-8.

荆新，廖冠民，毛世平，2007. 公司治理、制度环境与民营化效应——来自中国上市公司大股东变更的经验证据 [J]. 经济理论与经济管理 (3)：67-71.

李春顶，石晓军，邢春冰，2010. "出口-生产率悖论"：对中国经验的进一步考察 [J]. 经济学动态 (8)：90-95.

李春顶，尹翔硕，2009. 我国出口企业的"生产率悖论"及其解释 [J]. 财贸经济 (11)：84-90+111+137.

李广子，刘力，2010. 上市公司民营化绩效：基于政治观点的检验 [J]. 世界经济，33 (11)：139-160.

李青原，2009. 会计信息质量、审计监督与公司投资效率——来自我国上市公司的经验证据 [J]. 审计研究 (4)：65-73+51.

李涛，2002. 混合所有制公司中的国有股权——论国有股减持的理论基础 [J]. 经济研究 (8)：19-27+92.

李亚静，朱宏泉，黄登仕，等，2006. 股权结构与公司价值创造 [J]. 管理科学学报，9 (5)：65-74.

李忠海，张涤新，2011. 基金持股与公司绩效：基金作为第二大股东持股的视角 [J]. 上海经济研究 (1)：68-78.

林毅夫，蔡昉，李周，1995. 国有企业改革的核心是创造竞争的环境 [J]. 改革 (3)：17-28.

林毅夫，蔡昉，李周，1997. 充分信息与国有企业改革 [M]. 上海：上海人民出版社.

刘纪鹏，2014. 要厘清"国有企业"与"国资"的概念 [J]. 经济 (3)：72.

刘瑞明，2013. 中国的国有企业效率：一个文献综述 [J]. 世界经济 (11)：136-160.

刘芍佳，孙霈，刘乃全，2003. 终极产权论、股权结构及公司绩效 [J]. 经济研究 (4)：51-62+93.

赖建清，吴世农，2004. 我国上市公司最终控制人的现状研究 [C] // 上海财经大学会计与财务研究院. 公司财务研讨会论文集. 上海：上海财经大学会计与财务研究院：15.

刘小玄，2000. 中国工业企业的所有制结构对效率差异的影响：1995 年全国工业企业普查数据的实证分析 [J]. 经济研究 (2)：17-25.

刘小玄，2003. 中国转轨经济中的产权结构和市场结构——产业绩效水平的决定因素 [J]. 经济研究 (1)：21-29+92.

刘小玄，李利英，2005. 企业产权变革的效率分析 [J]. 中国社会科学 (2)：4-16+204.

刘小玄，郑京海，1998. 国有企业效率的决定因素：1985~1994 [J]. 经济研究 (1)：39-48.

刘运国，高亚男，2007. 我国上市公司股权制衡与公司业绩关系研究 [J]. 中山大学学报 (社会科学版) (4)：102-108+128.

楼继伟，2017. 全面加强学会建设　扎实推进理论创新——在中国财政学会 2017 年年会暨第21次全国财政理论研讨会上的讲话[J]. 财政研究（6）：2-10.

卢江，2018. 论双重结构下的混合所有制改革——从微观资源配置到宏观制度稳定[J]. 经济学家（8）：11-19.

罗华伟，干胜道，2014. 顶层设计："管资本"——国有资产管理体制构建之路[J]. 经济体制改革（6）：130-134.

罗宏，2008. 国有股权、现金股利与公司治理[J]. 珞珈管理评论（1）：117-126.

罗进辉，万迪昉，2010. 大股东持股对公司价值影响的区间特征[J]. 数理统计与管理，29（6）：1084-1095.

马克思，2009. 资本论：第3卷[M]. 郭大力，王亚南，译. 上海：上海三联书店.

聂辉华，涂晓玲，杨楠，2008. 竞争还是产权——对国有企业激励机制的经验考察[J]. 教学与研究（1）：39-45.

平新乔，2004. 政府保护的动机与效果——一个实证分析[J]. 财贸经济（5）：3-10+95.

綦好东，郭骏超，朱炜，2017. 国有企业混合所有制改革：动力、阻力与实现路径[J]. 管理世界（10）：8-19.

青木昌彦，张春霖，1994. 对内部人控制的控制：转轨经济中公司治理的若干问题[J]. 改革（6）：11-24.

阮素梅，丁忠明，刘银国，等，2014. 股权制衡与公司价值创造能力"倒U型"假说检验——基于面板数据模型的实证[J]. 中国管理科学，22（2）：119-128.

施东晖，2000. 股权结构、公司治理与绩效表现[J]. 世界经济（12）：37-44.

石磊，1995. 现代企业制度论委托代理制度下的竞争与管理[M]. 上海：立信会计出版社.

宋立刚，姚洋，2005. 改制对企业绩效的影响[J]. 中国社会科学（2）：17-31+204.

隋静，蒋翠侠，许启发，2016. 股权制衡与公司价值非线性异质关系研究——来自中国A股上市公司的证据[J]. 南开管理评论，19（1）：70-83.

孙永祥，黄祖辉，1999. 上市公司的股权结构与绩效[J]. 经济研究（12）：23-30+39.

孙兆斌，2006. 股权集中、股权制衡与上市公司的技术效率[J]. 管理世界（7）：115-124.

唐跃军，程新生，吕斐适，2005. 中国上市公司信息披露机制评价及信息披露指数研究[J]. 上海金融（3）：37-40.

梯若尔，2007. 公司金融理论[M]. 王永钦，译. 北京：中国人民大学出版社.

童英，2009. 中国上市公司行为、绩效和市场表现[D]. 北京：北京大学.

王德文，王美艳，陈兰，2004. 中国工业的结构调整、效率与劳动配置[J]. 经济研究（4）：41-49.

魏明海，柳建华，2007. 国有企业分红、治理因素与过度投资[J]. 管理世界（4）：88-95.

温忠麟，张雷，侯杰泰，等，2004. 中介效应检验程序及其应用[J]. 心理学报（5）：614-620.

文宗瑜，2018. 国有资产管理报告应以国有资本价值及其变化为重点［J］. 中国财政（13）：39－41.

文宗瑜，2018. 如何准确反映国有资本价值及其变化［N］. 中国财经报，06—12（7）.

吴敬琏，周小川，1999. 公司治理结构、债务重组和破产程序［M］. 北京：中央编译出版社.

吴敬琏，张军扩，吕薇，等，1997. 实现国有经济的战略性改组——国有企业改革的一种思路［J］. 改革（5）：11－21.

武常岐，钱婷，2011. 集团控制与国有企业治理［J］. 经济研究，46（6）：93－104.

夏立军，陈信元，2007. 市场化进程、国有企业改革策略与公司治理结构的内生决定［J］. 经济研究（7）：82－95＋136.

徐莉萍，辛宇，陈工孟，2006. 股权集中度和股权制衡及其对公司经营绩效的影响［J］. 经济研究（1）：90－100.

徐明东，田素华，2013. 转型经济改革与企业投资的资本成本敏感性——基于中国国有工业企业的微观证据［J］. 管理世界（2）：125－135＋171.

徐晓东，陈小悦，2003. 第一大股东对公司治理、企业业绩的影响分析［J］. 经济研究（2）：64－74.

许小年，1997. 以法人机构为主体建立公司治理机制和资本市场［J］. 改革（5）：27－33.

谢军，2007. 第一大股东持股和公司价值：激励效应和防御效应［J］. 南开管理评论，10（1）：21－25.

辛清泉，谭伟强，2009. 市场化改革、企业业绩与国有企业经理薪酬［J］. 经济研究，44（11）：68－81.

姚洋，1998. 非国有经济成分对我国工业企业技术效率的影响［J］. 经济研究（12）：29－35.

余淼杰，2010. 中国的贸易自由化与制造业企业生产率［J］. 经济研究，45（12）：97－110.

曾文虎，2014. 论国有企业改革与资产资本化［J］. 对外经贸（2）：16－19.

张晖明，陆军芳，2013. 释放资本固有活力［J］. 上海国资（12）：33－34.

张佳，韩立岩，2011. 基于控制权转移视角的股权结构与公司价值——来自并购中上市目标公司的证据［J］. 系统工程，29（4）：1－9.

张俊喜，张华，2004. 民营上市公司的经营绩效、市场价值和治理结构［J］. 世界经济（11）：3－15＋80.

张萍，俞静，2015. 定向增发、股权结构与经营绩效［J］. 财会月刊（27）：35－38.

张旭辉，黄雷，2012. 多个大股东股权结构对股权代理成本的影响［J］. 开发研究（5）：93－97.

张维迎，1995. 从现代企业理论看国有企业改革［J］. 改革（1）：30－33.

张维迎，2010. 市场的逻辑［M］. 上海：上海人民出版社.

张玮婷，魏紫洁，游士兵，2015. 大股东特征、股权制衡与公司价值——基于EVA的实证研究［J］. 会计与经济研究，29（4）：86—100.

张文魁，2014. 让·梯若尔的理论对国有企业改革的启示［N］. 中国经济时报，12—26（5）.

赵昌文，2013. 对国有企业垄断要具体问题具体分析 国有企业改革几个理论问题辨析［J］. 人民论坛（12）：19—2.

郑红亮，王凤彬，2000. 中国公司治理结构改革研究：一个理论综述［J］. 管理世界（3）：119—125.

郑京海，刘小玄，Arne Bigsten，2002. 1980—1994期间中国国有企业的效率、技术进步和最佳实践［J］. 经济学（季刊）（2）：521—540.

文宗瑜，谭静，2018. 以"国有企业改革评价及国有企业改革指数"研究支持并推动国有企业改革持续深入［J］. 财政研究（2）：16—25.

周权雄，龙自云，2010. 论我国产业结构调整与地方财政收入可持续增长的关系［J］. 华东经济管理，24（12）：45—50.

朱德胜，张菲菲，2016. 内部控制有效性、股权制衡与公司绩效［J］. 会计之友（2）：94—100.

朱恒鹏，2004. 地区间竞争、财政自给率和公有制企业民营化［J］. 经济研究（10）：24—34.

朱武祥，2002. 股权结构与公司治理——对"一股独大"与股权多元化观点的评析［J］. 证券市场导报（1）：56—62.

ADMATI A R, PFLEIDERER P, 2009. The "Wall Street Walk" and shareholder activism: Exit as a form of voice［J］. The review of financial studies, 22（7）：2645—2685.

AMBROSE S H, 1990. Preparation and characterization of bone and tooth collagen for isotopic analysis［J］. Journal of archaeological science, 17（4）：431—451.

AMIHUD Y, 2002. Illiquidity and stock returns: cross-section and time-series effects［J］. Journal of financial markets, 5（1）：31—56.

AMIHUD Y, MENDELSON H, 1986. Asset pricing and the bid-ask spread［J］. Journal of financial economics, 17（2）：223—249.

AMIHUD Y, MENDELSON H, 1989. The effects of beta, bid-ask spread, residual risk, and size on stock returns［J］. The journal of finance, 44（2）：479—486.

ATTIG N, GUEDHAMI O, MISHRA D, 2008. Multiple large shareholders, control contests, and implied cost of equity［J］. Journal of corporate finance, 14（5）：721—737.

ATTIG N, GHOUL S EL, GUEDHAMI O, RIZEANU S, 2013. The Governance Role of Multiple Large Shareholders: Evidence from the Valuation of Cash Holdings［J］. Journal of Management and Governance, 17（2）：419—451.

BARROSO CASADO R, BURKERT M, DáVILA A, et al, 2016. Shareholder protection: The role of multiple large shareholders［J］. Corporate Governance: An International

Review, 24 (2): 105-129.

BATTESE G E, COELLI T J, 1995. A model for technical inefficiency effects in a stochastic frontier production function for panel data [J]. Empirical economics, 20 (2): 325-332.

BATTESE G E, COELLI T J, 1992. Frontier production functions, technical efficiency and panel data: with application to paddy farmers in India [J]. Journal of productivity analysis, 3 (1-2): 153-169.

BENJAMIN M, ANETE P J, 2005. Multiple large shareholders and firm value [J]. Journal of banking and finance, 29 (7): 1813-1834.

BENNEDSEN M, WOLFENZON D, 2000. The balance of power in closely held corporations [J]. Journal of financial economics, 58 (1-2): 113-139.

BERLE A, MEANS G, 1991. The modern corporation and private property [M]. New York: Routledge.

BLANCHARD O, KREMER M, 1997. Disorganization [J]. The quarterly journal of economics, 112 (4): 1091-1126.

BLOCH F, HEGE U, 2003. Multiple Shareholders and Control Contests [R]. MPRA Paper.

BOARDMAN A E, VINING A R, 1989. Ownership and performance in competitive environments: a comparison of the performance of private, mixed, and state-owned enterprises [J]. The journal of law and economics, 32 (1): 1-33.

BOATENG A, HUANG W, 2017. Multiple large shareholders, excess leverage and tunneling: Evidence from an emerging market [J]. Corporate governance: an international review, 25 (1): 58-74.

BOUBAKRI N, COSSET J C, 1998. The financial and operating performance of newly privatized firms: evidence from developing countries [J]. The journal of finance, 53 (3): 1081-1110.

BOUBAKRI N, COSSET J C, FISCHER K, et al, 2005. Privatization and bank performance in developing countries [J]. Journal of Banking & Finance, 29 (8-9): 2015-2041.

BOYCKO M, SHLEIFER A, VISHNY R W, 1996. A theory of privatization [J]. The Economic Journal, 106 (435): 309-319.

BRUNNERMEIER M K, PEDERSEN L H, 2009. Funding liquidity and market liquidity [J]. Review of financial studies, 22 (2201-2238): 6.

CHENG M, LIN B, WEI M, 2013, How Does the Relationship between Multiple Large Shareholders Affect Corporate Valuations? Evidence from China [J]. Journal of Economics and Business (70): 43-70.

CLARKE D, 2003. Corporate governance in China: an overview [J]. China economic review (14): 494−507.

COFFEE JR J C, 1991. Liquidity versus control: the institutional investor as corporate monitor [J]. Columbia Law Review (91): 1277.

DENIS D K, MCCONNELL J J, 2003. International corporate governance [J]. Journal of financial and quantitative analysis, 38 (1): 1−36.

DHARWADKAR B, GEORGE G, BRANDES P, 2000. Privatization in emerging economies: An agency theory perspective [J]. Academy of management review, 25 (3): 650−669.

DJANKOV S, MURRELL P, 2002. Enterprise restructuring in transition: A quantitative survey [J]. Journal of economic literature, 40 (3): 739−792.

D'SOUZA J, MEGGINSON W L, 1999. The financial and operating performance of privatized firms during the 1990s [J]. The journal of finance, 54 (4): 1397−1438.

EDMANS A, 2009. Blockholder trading, market efficiency, and managerial myopia [J]. The journal of finance, 64 (6): 2481−2513.

EDMANS A, MANSO G, 2011. Governance through trading and intervention: a theory of multiple blockholders [J]. Review of financial studies (24): 2395−2428.

FOX M B, HELLER M A, 2000. Corporate governance lessons from Russian enterprise fiascoes [J]. New York University law review (75): 1720−1766.

FRIEDMAN M, 1962. Capitalism and freedom [M]. Chicago: University of Chicago Press.

FRYDMAN R, GRAY C, HESSE M, 1999. When does privatization work? The impact of private ownership on corporate performance in the transition economies [J]. The quarterly journal of economics, 114 (4): 1153−1191.

GROSSMAN S, HART O, 1986. The costs and benefits of ownership: a theory of vertical and lateral integration [J]. Journal of political economy (94): 691−719.

GROVES T, HONG Y, MCMILLAN J, 1994. Autonomy and incentives in Chinese state enterprises [J]. The Quarterly Journal of Economics, 109 (1): 183−209.

GOMES A, NOVAES W, 2001. Sharing of control as a corporate governance mechanism [R]. PIER Working paper. University of Pennsylvania Law School: 1−29.

GUO K, YAO Y, 2005. Causes of privatization in China: Testing several hypotheses [J]. Economics of Transition, 13 (2): 211−238.

GUPTA N, 2005. Partial privatization and firm performance [J]. The Journal of Finance, 60 (2): 987−1015.

HASBROUCK J, 2009. Trading costs and returns for US equities: Estimating effective costs from daily data [J]. The journal of finance, 64 (3): 1445−1477.

HOLMSTRÖM B, TIROLE J, 1993. Market liquidity and performance monitoring [J]. Journal of political economy, 101 (4): 678-709.

HUETTNER F, SUNDER M, 2012. Axiomatic arguments for decomposing goodness of fit according to Shapley and Owen values [J]. Electronic journal of statistics (6): 1239-1250.

ICKES B, RYTERMAN R, 1995. The Organization of Markets and its role in Macroeconomic Stabilization during Transition [J]. World Bank Working Paper: 11-95.

JAYARAMAN S, MILBOURN T T, 2011. The role of stock liquidity in executive compensation [J]. The accounting review, 87 (2): 537-563.

JEFFERSON G H, SU J, 2006. Privatization and restructuring in China: Evidence from shareholding ownership, 1995—2001 [J]. Journal of comparative economics, 34 (1): 146-166.

JENSEN M C, MECKLING W H, 1976. Theory of the firm: Managerial behavior, agency cost and ownership structure [J]. Journal of financial economics, 3 (4): 305-360.

JOHNSON S, KAUFMANN D, SHLEIFER A, 1997. The unofficial economy in transition [J]. Brookings papers on economic activity, (2): 159-239.

KAHN C, WINTON A, 1998. Ownership structure, speculation, and shareholder intervention [J]. The journal of finance, 53 (1): 99-129.

KHANNA N, SONTI R, 2004. Value creating stock manipulation: feedback effect of stock prices on firm value [J]. Journal of financial markets, 7 (3): 237-270.

KRUEGER A O, 1990. Government failures in development [J]. Journal of economic perspectives, 4 (3): 9-23.

La PORTA R, DE-SILANES L Z F, 1999. The benefits of privatization: Evidence from Mexico [J]. The quarterly journal of economics, 114 (4): 1193-1242.

LAEVEN L, LEVINE R, 2008. Complex ownership structure and corporate valuations [J]. Review of financial studies, 21 (2): 579-604.

LAEVEN L, LEVINE R, 2004. Beyond the Biggest: Do Other Large Shareholders Influence Corporate Valuations [R]. University of Minnesota.

LEHMANN E, WEIGAND J, 2000, Does the governed corporation perform better governance structures and the market for corporate control in germany [J]. European finance review (4): 157-195.

LI H, 2003. Government's budget constraint, competition, and privatization: evidence from China's rural industry [J]. Journal of comparative economics, 31 (3): 486-502.

LI W, 1997. The impact of economic reform on the performance of Chinese state enterprises, 1980-1989 [J]. Journal of Political Economy, 105 (5): 1080-1106.

LIAO C, 2009. The governance structures of Chinese firms: innovation, competitiveness and growth in a dual economy [M]. New York: Springer.

LIN J Y, CAI F, LI Z, 1998. Competition, policy burdens, and state-owned enterprise reform [J]. The American economic review, 88 (2): 422—427.

LIN T W, 2004. Corporate governance in China: Recent developments, key problems and solutions [J]. Journal of accounting and corporate governance (1): 1—23.

LIN Y, ZHU T, 2001. Ownership restructuring in Chinese state industry: an analysis of evidence on initial organizational changes [J]. The China quarterly (166): 305—341.

LIPPMAN S A, MCCALL J J, 1986. An operational measure of liquidity [J]. The American economic review, 76 (1): 43—55.

LIPSON M L, MORTAL S, 2009, 2007. Liquidity and capital structure [J]. Journal of financial markets, 12 (4): 611—644.

LIPSON M L, MORTAL S, 2007. Liquidity and firm characteristics: evidence from mergers and acquisitions [J]. Journal of financial markets, 10 (4): 342—361.

LIU G S, SUN P W T, 2006. WooThe political economy of Chinese-style privatization: motives and constraints [J]. World Development, 34 (12): 2016—2033.

MAUG E, 1998. Large shareholders as monitors: is there a trade-off between liquidity and control [J]. The journal of finance, 53 (1): 65—98.

MAURY B, PAJUSTE A, 2005, Multiple large shareholders and firm value [J]. Journal of banking and finance, 29 (7): 1913—1834.

MCMILLAN J, NAUGHTON B, 1992. How to reform a planned economy: lessons from China [J]. Oxford review of economic policy, 8 (1): 130—143.

MITTON T, 2006. Stock market liberalization and operating performance at the firm level [J]. Journal of financial economics, 81 (3): 625—647.

NAUGHTON B, 1994. Chinese institutional innovation and privatization from below [J]. The American economic review, 84 (2): 266—270.

NORTH D C, 1991. Institutions [J]. Journal of economic perspectives, 5 (1): 97—112.

PAGANO M, ROELL A, 1998. The choice of stock ownership structure: agency costs, monitoring, and the decision to go public [J]. Quarterly Journal of Economics (113): 187—225.

PASTOR L, STAMBAUGH R F, 2003. Liquidity risk and expected stock returns [J]. Journal of political economy, 111 (3): 642—685.

POLK C, SAPIENZA P, 2008. The stock market and corporate investment: A test of catering theory [J]. The review of financial studies, 22 (1): 187—217.

RAMAMURTI R, 2000. A multilevel model of privatization in emerging economies [J]. Academy of Management Review, 25 (3): 525—550.

ROS A J, 1999. Does ownership or competition matter? The effects of telecommunications reform on network expansion and efficiency [J]. Journal of regulatory economics, 15 (1):

65-92.

ROUSSEAU P L, XIAO S, 2007. Banks, stock markets, and China's 'great leapforward' [J]. Emerging markets review, 8 (3): 206-217.

RUBIN A, 2007. Ownership level, ownership concentration and liquidity [J]. Journal of financial Markets, 10 (3): 219-248.

SAMUELSON R A, 1996. The concept of assets in accounting theory [J]. Accounting horizons (10): 147-157.

SCHUETZE W P, 1993. What is an asset? [J]. Accounting horizons, 7 (3): 66.

SHIRLEY M, WALSH P, 2000. Public versus private ownership: The current state of the debate [M]. Washington, DC: World Bank Publications.

SHLEIFER A, 1998. State versus private ownership [J]. Journal of economic perspectives, 12 (4): 133-150.

SHLEIFER A, VISHNY R W, 1986. Large Shareholders and Corporate Control [J]. Journal of Political Economy (95): 461-488.

SHLEIFER A, VISHNY R W, 1994. Politicians and firms [J]. The quarterly journal of economics, 109 (4): 995-1025.

SIQUEIRA K, SANDLER T, CAULEY J, 2009. Common agency and state-owned enterprise reform [J]. China Economic Review, 20 (2): 208-217.

SPRAGUE C E, 1907. The philosophy of accounts [J]. Journal of accountancy (pre-1986), 4 (1): 33.

SUN Q, TONG W H S, 2003. China share issue privatization: the extent of its success [J]. Journal of financial economics, 70 (2): 183-222.

VOLPIN P, 2002. Governance with poor investor protection: evidence from top executive turnover [J]. Journal of financial economics, 64 (1): 61-90.

WILLIAMSON O E, 1985. The economic institutions of capitalism. Firms, markets, relational contracting [M]. New York: Free Press.

YANG Y, SONG L, 2003. Impact of privatization on firm performance in China [R]. Working paper, China's Center of Economic Research, Beijing University.

YARROW G, 1986. Privatization in theory and practice [J]. Economic policy, 1 (2): 323-364.

ZINNES C, EILAT Y, SACHS J, 2001. The gains from privatization in transition economies: is "change of ownership" enough? [J]. IMF Staff papers, 48 (1): 146-170.

后 记

我国国有企业改革是新时代具有基础性、全方位和战略意义的重大改革。恰逢改革机遇期，我有幸经历了"以管资本为主加强国有资产监管"这一新理念在国有企业中践行的历程，参与了若干国有企业重大资本运营事件，获得了纵深前行探究"管资本"背后理论逻辑的动力。本书是在我的博士论文的基础上修订成书的。从开题阶段明确管资本导向下基于流动性的国有企业资本运营研究方向，到最终完成论文写作，接近三年的时间里，我见证了我国国有企业改革的重大理论突破和创新实践。三年间，明确主题、梳理结构、搭建模型、实证检验、撰写文字，一直到最后字斟句酌地进行修改，整个过程带来多年沉淀的蜕变。完成的那一刻，我心里充满了喜悦与感动。

通过研究，我认真总结回顾了自己多年从事国有企业资本运营工作经验，学习借鉴了国务院国资委和国有企业诸多实践成果，研读参考了大量国资国有企业相关理论文献。在认真学习公司金融理论知识和逻辑体系的基础上，我深刻思考和剖析我国国有企业资本运营改革历程和趋势，学用相长，将国有企业具体经验提炼成了具备理论和专业水平的学术专著。经过研究，本书认为，为了实现国资国有企业改革由管企业向以管资本为主的根本性转变，就需要通过国有企业资本运营构建管资本的微观基础，推动国资管理对象由实物形态的国有企业向价值形态的国有资本转变。在理论和实证的基础上，我尝试从流动性视角提出管资本导向下国有企业资本化改革的解决思路。通过产权效应、治理效应、竞争效应、松绑效应和再配置效应，管资本导向下基于流动性的国有企业资本运营有助于提升国有企业绩效和国有资本配置效率。诚然，本书还存在一些研究局限和不足，需要进一步从国有资本布局角度思考流动性管理是否有利于推动国有资本整体绩效的提升等，这也是我之后还要努力的方向。

在写作过程中，我一直得到导师赵昌文教授的指导点拨和督促鼓励。他深厚的理论功底、丰富的实践经验令我深深折服，给予我全新的视角和思想启迪。他严谨的治学作风、诚挚敬业的优秀品格时刻感染着我，使我在学习和工作态度上获益匪浅。在此，向关怀和支持我的导师赵老师表示最诚挚的感谢。

后 记

同时要感谢学院给予我成长进步的空间，感谢毛道维教授、杜江教授、杨记军教授、唐英凯教授、杨安华副教授、肇启伟、曹麒麟等老师，各位老师为我的研究和写作给予了很多指导性建议。

我要感谢我的父母和我的先生马鑫磊。是他们从生活上、物质上、精神上给予了我巨大的鼓舞和支持，是他们无私的奉献使得我能够安心地完成书稿写作，踏上新的征程。感谢师兄师姐们以及我的同学们一直以来对我的关心与支持。特别感谢朱鸿鸣师兄指导我从繁杂的文献中梳理出理论创新和分析框架，让我受益匪浅；感谢何春明师兄和我的同学廖斌为了指导我开展本书的数据处理付出了大量的时间和精力。

最后，在本书交付校正印刷时刻，我如履薄冰心中充满忐忑，期望读者对本书不当之处给予包容指正。衷心地感谢在本书的写作过程中关心和帮助过我的所有人！